LA HAINE EN LIGNE

David Doucet

LA HAINE EN LIGNE

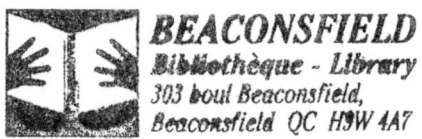

Albin Michel

© Éditions Albin Michel, 2020

Préambule

C'est une condamnation sans appel. Une marque indélébile qui vous colle au corps, et qui rend imprescriptibles les rumeurs et les accusations portées contre vous. Cette peine, c'est la mort sociale. Elle est prononcée par des foules en fusion dont le sentiment d'indignation, feint ou réel, aboutit à une impitoyable pulsion vengeresse. Sur les réseaux sociaux, les affaires s'enchaînent, s'entremêlent. Ce tribunal populaire se substitue à une justice considérée comme trop lente ou accommodante, en triant de manière expéditive les bons et les méchants, le bon grain et l'ivraie. Une fois le verdict connu, il n'y aura pas de graduation ou de rémission pour les promis à la potence. Le châtiment est inscrit dans le marbre par des médias pour lesquels Twitter ou Facebook sont devenus le meilleur thermomètre pour « faire du clic » et, disent-ils, « répondre aux attentes de l'opinion ». Aux États-Unis, on parle de *cancel culture* (« culture de l'annulation ») pour désigner ce climat d'excommunication qui se substitue au droit. Nul besoin de procès, vous êtes déjà « annulé ». En 2020, on ne se bat pas contre Google à mains nues, et David ne gagne plus contre Goliath.

Sous l'Empire romain, la *damnatio memoriae*, l'une des condamnations les plus redoutées, était exécutée post-mortem. Néron, Caligula ou Domitien en ont été frappés. Votée par le Sénat, elle consistait à effacer de l'espace public tout souvenir du défunt. Statues et portraits étaient tour à tour mutilés ou martelés pour faire disparaître toute trace du félon de la mémoire collective. Vingt siècles plus tard, cette proscription actée par les réseaux sociaux se révèle bien plus cruelle. Elle vous promet une honte éternelle. Elle vous cloue sur une toile hypermnésique, un espace où le droit à l'oubli n'est encore qu'une douce utopie. Vous devenez un citoyen de seconde zone que l'on ôte du catalogue des vivants. Alors que 85 % des recruteurs avouent « googliser » leurs candidats[1] (le chiffre réel est sans doute plus important), rebondir professionnellement tient du miracle.

Tout a débuté pour moi au début de l'année 2019. En l'espace d'un week-end, ma vie s'est effondrée. J'ai perdu mon poste de rédacteur en chef des *Inrockuptibles* après huit années de bons et loyaux services, l'appartement que j'étais sur le point d'acquérir et enfin ma réputation dans un milieu où tout le monde se connaît. Amplifiés par les médias, les effets d'un scandale né sur les réseaux sociaux sont immédiats. En l'espace de quelques heures, je suis devenu un paria. Les mails se raréfient, les textos se réduisent

---

1. Géraldine Dauvergne, « 85 % des recruteurs font des recherches en ligne sur les candidats », *Les Échos*, le 4 octobre 2017.

Préambule

à la portion congrue. Si hier encore on se disputait votre présence, tout le monde est désormais embarrassé à l'idée de se trouver dans votre sillage.

Vendredi 8 février 2019 en fin de journée, j'étais en train de retranscrire un entretien dans mon appartement qui donne sur les bâtiments en forme d'orgues de l'avenue de Flandre dans le XIXe arrondissement de Paris lorsque j'ai vu le hashtag[1] #LigueduLOL prendre corps sur Twitter. Vers 17 heures, *Libération* avait publié un article consacré à un groupe Facebook privé auquel j'avais appartenu et qui était désormais accusé d'avoir « harcelé des féministes sur les réseaux sociaux[2] ». Dès le lendemain et tout au long du week-end, une vingtaine de victimes, femmes et hommes, se mirent à produire sur Twitter des témoignages effroyables[3] (photomontages abjects, moqueries répétées, injures…).

Des médias s'emparèrent immédiatement de l'affaire et s'empressèrent de relayer une liste de membres présumés de ce groupe qui avait été diffusée de manière anonyme sur Twitter. Bien que partielle et en partie erronée, elle fut reprise sans aucune vérification par plusieurs titres réputés. La présence de plumes appartenant à *Libération, Slate, Télérama* ou *Les Inrocks* sur cette liste noire provoqua un véritable

---

1. « Mot dièse ».
2. Robin Andraca, « La Ligue du LOL a-t-elle vraiment existé et harcelé des féministes sur les réseaux sociaux ? », CheckNews.fr, le 8 février 2019
3. Corentin Lamy, « Journalistes, réseaux sociaux et harcèlement : comprendre l'affaire de la Ligue du LOL », lemonde.fr, le 10 février 2019.

emballement. La presse de gauche vit l'élément déclencheur d'un #MeToo en France[1] tandis que, sur la rive droite, des éditorialistes se régalèrent de la « chute des Tartuffe » et de ce « bal tragique chez les bien-pensants[2] ». Raconter le démantèlement d'un supposé « réseau de cyber-harceleurs caché au sein de la presse progressiste parisienne » était plus vendeur que d'enquêter sur les responsabilités effectives de quelques internautes inconnus du sérail.

Années Ligue du LOL

Six ans après l'avoir quittée, l'évocation de la Ligue du LOL mettait ma mémoire à rude épreuve et j'avais toutes les peines du monde à mobiliser mes souvenirs. Avais-je moi-même participé à cette ignoble curée ou bien délibérément fermé les yeux sur des actes de cyber-harcèlement ? Je me rappelais qu'à la fin des années 2000, le clash et l'ironie cynique étaient déjà monnaie courante sur Twitter. À cette époque-là, une partie de ce réseau social tenait du Far West. Les gens se cognaient à coups de tweets[3], le second degré était

---

1. Michel Guerrin, « La Ligue du LOL pourrait être notre affaire Weinstein », lemonde.fr, le 15 février 2019.
2. Éric Zemmour, « La Ligue du LOL ou Tartuffe chez les bien-pensants », lefigaro.fr, le 15 février 2019.
3. Dans son livre *White* (Robert Laffont, 2019, p. 217), l'écrivain Bret Easton Ellis revient sur les débuts de Twitter et le climat qui y régnait au début des années 2010 : « Twitter était l'endroit pour les pensées fulgurantes et les réponses immédiates à des stimuli culturels, pour capturer des choses qui flottaient dans l'air numérique, un endroit où proférer des insultes et manifester une absence de

Préambule

la règle, mais j'avais la certitude de n'avoir jamais harcelé personne ni de près ni de loin. Personne ne m'a d'ailleurs par la suite accusé de harcèlement.

Dans les discussions parisiennes, je savais que la rumeur tenace d'une indissociable fratrie se faisant la courte échelle planait au-dessus de ce groupe de discussion, mais je n'aurais jamais deviné que les dérapages publics de quelques membres allaient éclabousser tous les autres, aplanir les responsabilités, et que la « Ligue du LOL » serait bientôt présentée dans les médias, sans aucune précaution, comme une multinationale du harcèlement en ligne.

J'avais été ajouté à ce groupe de discussion (sans l'avoir réclamé) après sa création, au cours de l'année 2011, et fus l'un des premiers à en claquer la porte deux ans plus tard. Ma reconversion tardive dans le journalisme s'était faite dans la douleur et j'avais l'impression d'être propulsé subitement dans la bande des gens cool, ceux qui avaient fait de grandes écoles et que la twittosphère d'alors admirait. La Ligue du LOL était une antichambre regroupant des personnalités actives de Twitter, des pionniers. En créant ce groupe en octobre 2010, son fondateur avait voulu rassembler dans un même espace de discussion « la crème de l'humour en ligne[1] ».

Au cours de ces deux années d'échanges sur Facebook, je n'ai jamais eu le sentiment d'appartenir à

---

conscience – c'était une machine construite pour l'outrage et le scepticisme. »

1. Vincent Glad, « Ligue du LOL : un an après », medium.com, le 23 février 2020.

un *boys club* en crampons, comme la presse s'en est ensuite fait l'écho. Cet espace comptait une dizaine de femmes[1] et il n'a jamais régné en son sein une atmosphère sexiste ou antiféministe. La terminologie utilisée par Facebook[2] a été fatale au traitement médiatique de cette affaire car la Ligue du LOL n'était pas un « groupe » au sens politique, sociologique ou psychologique du terme. C'était un forum de discussion privée où nous échangions des liens d'articles, croisions le fer autour de débats politiques interminables, parlions des potins du web, nous moquions d'Untel plastronnant comme un gourou d'Internet ou encore de ce blogueur sponsorisant ses articles. Certains postaient des photos de leurs vacances, de leurs soirées ou bien encore de leurs lectures. Il n'y a jamais eu de tweets ou d'actions concertées.

Le mot « groupe », considéré comme l'un des « plus confus de la langue française[3] », a permis de répandre l'idée que la Ligue du LOL était un puissant cénacle avec des rôles définis, des objectifs en commun, voire des réunions plénières. En réalité, la plupart n'étaient pas amis et ce forum ressemblait davantage à une constellation de petites bandes qu'à une grande famille. Régulièrement critiqué pour mon ton trop sérieux, j'avais quitté la « LDL » au cours de

---

[1]. « Je suis une femme et j'ai été membre de la Ligue du LOL », medium.com, le 5 septembre 2019.

[2]. Tout comme le terme « ami » employé par Facebook renvoie plus à la définition du contact ou de la relation qu'à un lien d'amitié au sens véritable.

[3]. Didier Anzieu et Jacques-Yves Martin, *La Dynamique des groupes restreints*, Puf, 1968 p. 1-24.

Préambule

l'année 2013. D'abord serein face à la polémique, je compris que je n'échapperais pas à la déferlante lorsqu'une autrice évoqua un canular téléphonique que j'avais réalisé et, sincèrement, oublié[1].

Faux aveux

Le vendredi 8 février, deux heures après la publication de l'article déflagrateur de *Libération*, une femme brisa à son tour le silence sans me citer nommément : « J'ai aussi été harcelée par la Ligue du LOL pendant des années. Leur dernier fait d'armes est toujours en ligne. » Son message relayé plus de deux mille fois est apparu sur ma *timeline* et je m'aperçus alors qu'elle faisait référence à un ancien canular que j'avais réalisé à ses dépens et où je me faisais passer pour un producteur de télévision. À cette époque, je réalisais effectivement des canulars téléphoniques. J'apprenais à cette occasion que l'un d'eux avait douloureusement fait souffrir une personne. Je pris donc la décision de lui écrire pour lui avouer que j'en étais l'auteur. Le samedi en fin d'après-midi, elle me répondit en me demandant de traduire mon repentir par des excuses publiques. Dans un premier temps, je lui répondis : « J'aimerais m'excuser publiquement. Je n'aime pas fuir mes responsabilités. Mais aujourd'hui toute prise de parole sur Twitter me condamnerait à une forme de mort

---

1. Après lui avoir lu ce préambule, nous avons choisi d'anonymiser son nom. Elle ne souhaite plus s'exprimer sur ce sujet.

sociale. » Sur mon smartphone, les insultes et les menaces pleuvaient déjà comme de la grêle.

Tous me voyaient comme un monstre. Je n'aspirais plus qu'à une seule chose : me libérer de cette pression. Incapable de dormir, je finis par poster des excuses publiques sur Twitter à 2 h 12 du matin en étant le plus rude possible avec moi-même. En plus de reconnaître ce canular, je décidai de me « compter parmi les bourreaux » et de dénoncer « la dégueulasserie » de mon geste tout en expliquant n'avoir jamais participé au cyber-harcèlement décrit. J'ai compris plus tard que notre cerveau n'est pas psychologiquement adapté à faire face à un tel déferlement[1]. Si tout le monde vous crie que vous êtes un bourreau, vous finissez par le penser.

Mon message, lu plus de six cent mille fois, déclencha des torrents de commentaires. La victime avait parlé, le coupable avait reconnu ses torts. La condamnation n'avait plus qu'à être rendue par le grand tribunal des réseaux sociaux. Sur mon téléphone se déversa un tombereau d'injures et de menaces de mort. S'ajoutèrent à cela des photomontages horribles et des appels téléphoniques masqués. Mes comptes Facebook, Twitter et Instagram furent recouverts d'insultes. (« Tu dois dégager de Facebook et Twitter, tu dois disparaître tu comprends ça ? » ; « Tu finiras une bastos dans la tronche » ; « T'es juste bon à te balancer sous une corde ! »…) Le lendemain de cette courte nuit,

---

1. Aux États-Unis, les faux aveux représentent environ 25 % des disculpations par ADN. Voir Shari Berkowitz, Elizabeth Loftus, Kimberly Fenn et Steven Frenda, « Somnolent ? Gare à ne pas avouer un crime que vous n'avez pas commis ! », slate.fr, le 17 février 2016.

Préambule

l'autrice piégée m'écrivait afin de me remercier : « J'ai mesuré le courage que ça t'a demandé – j'apprécie d'autant plus », avant de conclure : « Je souhaite toujours une démission et un appui pour des candidatures féminines/féministes, qui enverrait un symbole fort. »

La patronne des *Inrocks* n'était pas (encore) du même avis. Ce dimanche 10 février à 11 h 31, elle me passa un coup de fil rassurant et répondit avec fermeté à mon inquiétude : « David, tu as bien fait de t'excuser mais tu n'as tué personne ! Tu as fait un canular téléphonique ! Si on commence à virer ou à mettre en prison ceux qui font une blague, il ne va pas rester grand monde. » « Oui je sais bien mais les appels à la démission se multiplient sur Twitter », lui répondis-je, inquiet. « C'est le jeu à chaque crise de réclamer une démission mais ça ne veut rien dire. Tu ne vas pas démissionner pour ça, il faut faire le dos rond », objecta celle qui fut conseillère communication du secrétaire d'État chargé du Numérique. Compte tenu de l'hallali médiatique, j'insistai pour qu'elle ne se contente pas de mon seul témoignage et je l'encourageai à contacter l'un de ses amis qui comptait aussi parmi la Ligue du LOL. « Je n'ai pas besoin de l'appeler. Je sais bien que ce n'était pas un groupe de harcèlement », balaya-t-elle.

Le billot

Moins de vingt-quatre heures plus tard, le ton avait changé. À 7 h 39 du matin, la directrice du journal m'envoya un SMS qui n'augurait rien de bon : « Bonjour

David, peut-on se voir à 10 heures ? » Dans son bureau, elle m'accueillit avec une question en forme d'uppercut : « Bon, je suppose que tu as envisagé de démissionner ? » Je l'implorai de laisser passer l'orage et d'attendre les enquêtes qui établiraient les responsabilités de chacun, comme le firent les directions de *Slate* et *Télérama*[1]. « Ce n'est pas tenable, David. Tu sais que le journal est fragilisé dans son rapport aux femmes. C'est trop *touchy* pour nous ! » Référence à peine masquée à la couverture polémique du 11 octobre 2017 consacrée par *Les Inrocks* au retour du chanteur Bertrand Cantat, qui avait battu à mort Marie Trintignant en 2003. Sous mon message d'excuses posté sur Twitter, une centaine de personnes m'avaient insulté en croyant enfin détenir le responsable de cette une. Ironie de l'histoire, la directrice qui demandait ma tête l'avait âprement défendue alors qu'avec d'autres, je m'y étais opposé. Un an et demi plus tard, on avait moins de mansuétude à mon égard que pour l'ancien chanteur de Noir Désir. « Allez, on se revoit à 14 heures pour signer une rupture conventionnelle, ça te laissera quelques heures pour réfléchir. »

Comme je traversais les coursives de l'immeuble, les regards se dérobaient. Au moment de prendre un café, une salariée historique du journal m'observait fixement depuis l'encoignure d'une porte. « Tu veux me parler ? » finis-je par lui demander. « Oui, s'il te plaît, me pressa-t-elle du regard. Sache que je ne cautionne pas la Ligue du LOL ! » Avec précision, je

---

1. À l'issue d'enquêtes internes, ces journalistes, eux aussi ex-membres de la Ligue du LOL, ont été disculpés et maintenus en poste.

Préambule

me mis à raconter à nouveau les souvenirs de mes deux années au sein de ce forum. Après un silence de quelques secondes, elle dressa un parallèle entre la Ligue du LOL et une agression sexuelle qu'elle avait vécue. Bouleversé par cette confession, je me mis à réaliser que la déflagration médiatique me rendait totalement inaudible.

Dans l'ascenseur, je finis par croiser par hasard un associé du propriétaire des *Inrockuptibles*. « Ça va, tu tiens le coup, David ? » s'enquit-il. « Compliqué, on acte ma mort sociale. » « Toi ? Mais non ! » s'étonna-t-il. Après lui avoir exposé la situation, il me dit avec assurance : « Laisse-moi juste passer un coup de fil et on n'en parlera plus. » En sortant de l'ascenseur, je le pris dans mes bras comme on enlace quelqu'un qui vous tire des flammes de l'enfer. Un taxi-moto l'attendait devant l'immeuble. À chaque pas qu'il faisait, je sentais sa promesse s'éloigner. Il mit une charlotte blanche, son casque, jeta un dernier regard vers moi puis disparut du paysage.

Alors que je traversais les puces de Saint-Ouen, un échange téléphonique avec un avocat me remit les idées au clair. Pourquoi perdre mon boulot pour un canular téléphonique idiot alors que quelques mois plus tôt on m'avait proposé le poste de directeur de la rédaction du journal ? À 14 heures, je refusais à nouveau cette rupture forcée. Une heure et demie plus tard, la directrice revint à la charge avec une lettre de mise à pied. « Je veux que tu la signes tout de suite, s'il te plaît. Tu peux prendre quelques minutes pour dire au revoir aux gens si tu le souhaites. » Une dizaine de minutes à peine après que je l'ai paraphée, l'information était annoncée sur Twitter par un journaliste de *Libération* alors que j'étais encore dans son bureau en train de me défendre.

« Un gîte en Sologne ou dans la Drôme »

Le lendemain de ma mise à pied, la direction de mon journal publia un communiqué afin de justifier mon futur licenciement ainsi que celui de mon adjoint. Sans que personne ait pris le temps de l'investigation, nous étions cloués au pilori au seul motif que nous avions appartenu, pendant un temps limité et révolu depuis plus de six ans, à un forum de discussion qui comportait des dizaines de personnes[1]. Formulée en écriture inclusive, cette déclaration prétendument signée par « l'ensemble de la rédaction » dénonçait l'« acharnement, le sadisme, la pulsion féroce de domination… » des membres de la Ligue du LOL afin de justifier les « mesures conservatoires prises au plus vite », à savoir notre mise à pied. Mon collègue et moi n'étions pas les seuls, une quinzaine de personnes ayant appartenu à la Ligue du LOL perdirent leur emploi. Trois furent admis aux urgences psychiatriques. L'une d'entre elles tenta de mettre fin à ses jours.

Sans doute encouragés par le signal de la direction, des anciens collègues des *Inrocks* se mirent à se

---

[1]. « Ligue du LOL : après l'effarement », lesinrocks.com, le 12 février 2019.

Préambule

répandre dans des journaux trop heureux d'accréditer la thèse qu'il se cachait bien des « personnalités toxiques » derrière ce groupe numérique. Faute de faits, d'éléments tangibles ou de témoignages probants, c'est le tableau d'un *boys club* que j'aurais contribué à instaurer au sein de la rédaction qui fut dressé[1]. Le tout de manière anonyme. Le journal devenait une firme où la masculinité et la misogynie étaient valorisées. Ce mille-feuille d'anecdotes décontextualisées et de rumeurs mensongères donnait le sentiment au lecteur que tout ne pouvait pas être faux et qu'il n'y avait pas de « fumée sans feu ». Tous les éléments à décharge avaient été systématiquement écartés. Au contraire, tout semblait avoir été conduit avec un puissant biais de confirmation[2] : les méchants de la Ligue du LOL déclarés coupables de cyber-harcèlement sur les réseaux sociaux ne pouvaient être que d'odieux managers[3]. J'assistais à ces enquêtes sans pouvoir me défendre ou fournir les preuves qui auraient battu en brèche ces accusations, car mon avocat m'avait formellement interdit de répondre aux sollicitations médiatiques durant ma procédure de licenciement.

Un an plus tard, le 25 février 2020, le journaliste d'investigation Jean-Marc Manach, qui fut l'un des

---

1. Jusqu'à l'été 2018, le journal avait une directrice de publication, un directeur de rédaction, quatre rédacteurs en chef et quatre rédacteurs en chef adjoints. J'étais l'un des quatre rédacteurs en chef.
2. Tout ce qui vient confirmer des certitudes préexistantes. Lire à ce propos, Gérald Bronner, *La Démocratie des crédules*, Puf, 2013.
3. Olivier Mialet, « De la Ligue du Lol aux *Inrocks* : une panique morale ? », medium.com, le 8 juillet 2019.

premiers à émettre des doutes sur ma culpabilité dans cette histoire[1], se pencha sur mon cas. Après six mois de travail, il publia un article de la taille d'un livre constitué d'une cinquantaine de témoignages d'anciens collaborateurs. Intitulée « La fabrique d'un "bourreau" idéal », cette contre-enquête démontait point par point les anecdotes rapportées dans les papiers écornant mon management[2]. Manach révélait aussi que l'ex-directrice du journal qui avait décidé de mon sort et qui avait été débarquée quatre mois plus tard, l'aurait été en raison notamment de sa « gestion désastreuse de l'affaire » (aucune enquête interne, fuites dans la presse pour alimenter le feuilleton…). Signe des temps, contrairement à la salve initiale, cette publication ne suscita quasiment aucune reprise.

Afin de comprendre les ressorts de ce lynchage, j'ai rencontré dans un café de la rue de Charonne en juin 2019 l'une des journalistes qui avaient coécrit l'un des articles remettant en cause ma gestion du personnel. Sur une table en formica, j'ai étalé preuves et témoignages. Ensemble, nous avons relu son papier et j'ai pu lui faire constater les différentes erreurs et inexactitudes. « C'est pour cela que nous avons insisté pour vous voir et obtenir votre version, me répliqua-t-elle à juste titre. Là, malheureusement, on ne peut plus rien modifier. » Je l'interrogeai

---

[1]. Jean-Marc Manach, « David Doucet et la présomption de culpabilité », lemonde.fr, « blog Bug Brother », le 17 février 2019.

[2]. Jean-Marc Manach, « La fabrique d'un "bourreau" idéal », nextinpact.com, le 25 février 2020. Article en quatre parties.

sur l'intérêt éditorial de publier cet article alors qu'elle reconnaissait elle-même qu'il « planait une atmosphère de règlement de comptes ». « C'est vrai, poursuivit-elle, que nous n'avons pas révélé de faits de harcèlement, mais nous avons voulu décrire une ambiance toxique qui nous semblait révélatrice de tensions éditoriales. » Mais pourquoi donner mon nom et rendre ainsi impossible ma recherche d'emploi alors qu'il n'y avait aucune plainte ou accusation pesant sur moi et que pour des affaires sérieuses l'anonymat des personnes était préservé ? « On a hésité. Je me rappelle que l'un de mes collègues avait dit : "Après tout ça, ils n'auront plus qu'à ouvrir un gîte en Sologne ou dans la Drôme !" » marmonna-t-elle, gênée.

Durant les semaines qui ont suivi, je n'ai pas cessé de ressasser cette phrase. Comme je n'avais pas l'intention de me lancer dans l'hôtellerie, je me suis décidé à enquêter sur ce phénomène de mort sociale qui avait acquis une ampleur nouvelle sous l'effet de la loi d'Internet. Non en tant que témoin ou victime mais en tant que journaliste qui venait de découvrir ses effets. Et sans tomber dans le piège de juger ou d'assener ma vérité sur les partisans de cette *cancel culture* ou ses cibles mais en réalisant une étude, factuelle, circonstanciée, nourrie d'une centaine d'entretiens, afin de permettre au lecteur de se forger sa propre opinion. Combien de personnes avaient été humiliées publiquement et condamnées sur la seule foi des médias sociaux ? Quels sont les rouages de ces nouveaux mécanismes d'ostracisme en ligne ? Comment remonter la pente lorsque votre nom est devenu une injure et que taper votre patronyme sur un moteur de recherche suffit à refroidir le plus téméraire des employeurs ? Et enfin, où trouver la force de surmonter cette épreuve quand l'image que vous renvoie Google est un supplice ?

1.

Le tribunal des réseaux sociaux

Cela n'arrive pas qu'aux autres... Chaque journée sur Twitter, Facebook ou Instagram est désormais rythmée par une dénonciation, une humiliation ou un appel au licenciement[1]. Les lynchages en ligne[2] sont devenus une tradition, presque un rite de purification sociale. Lorsque ce ne sont pas les images compromettantes d'un patron d'entreprise, c'est le comportement déshonorant d'un homme politique ou les tweets polémiques d'une star qui sont pointés du pouce. Les réseaux font feu de tout bois. On raille, on injurie, on lynche. L'exigence est à la pureté, personne n'est à l'abri de rejoindre le banc des accusés.

Été 2019. Ils baissent la tête et observent un silence religieux quand on a le malheur d'évoquer ce qui s'est produit. Les salariés du Super U de

---

[1]. David-Julien Rahmil, « Un internaute note toutes les indignations sur Twitter depuis 2016 », ladn.eu, le 15 janvier 2020.

[2]. Dans ce livre, j'emploie le mot « lynchage » au sens figuré. Les lynchages en ligne ne sont en aucun cas comparables aux assassinats commis contre les Afro-Américains pendant la ségrégation aux États-Unis, et qui renvoient à l'étymologie historique du terme.

La haine en ligne

L'Arbresle, petite commune nichée entre les monts du Lyonnais et du Beaujolais, sont encore mortifiés par la tempête qui a secoué leur enseigne. Dans cette commune paisible enveloppée de vignes et de pâturages, personne ne s'est remis du lynchage qui est survenu en ligne au mois de juillet. Au cœur de l'été endormi, des internautes et militants de la cause animale se mettent à déterrer des photos du couple de propriétaires du supermarché lors de safaris réalisés en Tanzanie, au Cameroun et en Afrique du Sud entre 2014 et 2015. On y découvre Martine et Jacques Alboud, sourire aux lèvres et fusil à la main, posant triomphalement près des dépouilles d'un lion, d'une panthère, d'un hippopotame, d'un alligator ou bien encore d'une antilope qu'ils viennent d'abattre. Les images font scandale, même si cette activité est légale dans les pays où ils l'ont pratiquée. Aucun animal ne semble manquer à leur tableau de chasse. La Fondation 30 Millions d'Amis s'en émeut, l'association Anymal[1] dénonce des dirigeants « 100 % pourris ». Suivi par plus de six cent mille personnes sur Twitter, le journaliste Hugo Clément partage les clichés pour les vilipender, tandis que l'animateur télé Julien Courbet encourage à « passer au magasin les prendre en photo » dans un tweet relayé plus de seize mille fois. Le mardi 9 juillet 2019, le « Super U de L'Arbresle » devient l'un des sujets les plus débattus sur Twitter en France[2],

---

1. L'association a été créée par l'humoriste Rémi Gaillard en 2017.
2. Selon Visibrain, l'outil de veille des médias sociaux, plus de 45 000 messages sont postés sur Twitter entre les 9 et 10 juillet 2019.

Le tribunal des réseaux sociaux

alors que dans le même temps la loi Avia censée « lutter contre les contenus haineux sur Internet » est adoptée à l'Assemblée nationale[1]. Cette soif de justice qui imprègne les réseaux est devenue tellement inhérente à notre vie numérique qu'elle ne suscite que peu de protestations. Comment de formidables outils de libération de la parole se sont-ils transformés en d'implacables tribunaux populaires ? Et quel est le sort de ceux qui subissent les foudres de cette justice en ligne ?

« Un lynchage national »

Pour les gérants du Super U, la sentence a été expéditive et sans appel. Ce mardi 9 juillet 2019, des centaines d'internautes ont appelé au boycott du magasin (« C'est dommage pour les salariés, mais quand on a des salauds de cette espèce comme patron, il faut démissionner et aller ailleurs »), à la dégradation de leur réputation en ligne (« N'oubliez pas de leur laisser un petit mot gentil et une bonne note sur Google ») et au licenciement des époux Alboud auprès de la direction nationale de Super U. Aux vagues d'émotion et de colère sincère contre une pratique jugée barbare succèdent des commentaires scatologiques (« Allez déféquer sur leur paillasson »...) ou des menaces de viol ou de mort (« Il faut les

---

[1]. La loi Avia « contre la haine sur Internet » a été adoptée en lecture définitive le 13 mai 2020 à l'Assemblée nationale. En juin 2020, elle a été largement retoquée par le Conseil constitutionnel.

égorger comme des porcs » ; « On devrait leur laisser dix minutes d'avance pour courir et leur tirer dessus comme dans un safari »).

La traque se traduit aussi par du « doxing », c'est-à-dire par la divulgation de données privées (numéro de téléphone, lieu du domicile...). Leur ligne est agonie d'appels, leurs noms et leurs adresses sont jetés en pâture sur le web. Certains internautes vont jusqu'à se déplacer devant leur maison pour les injurier. La mère du propriétaire, âgée de quatre-vingt-trois ans, est également harcelée. Sa nièce, qui possède un haras en Suisse, est contrainte de suspendre provisoirement son activité. Au milieu du déferlement, quelques internautes tentent vainement de mettre en garde contre « l'hystérie collective » et s'interrogent : « Est-ce que cette famille méritait ce lynchage national en règle pour des faits (bien entendu moralement condamnables) remontant à quatre ans ? » ou bien encore : « Je suis scandalisé par ce genre de safari, mais ce couple doit-il perdre son job instantanément suite à la diffusion de photos privées ? »

Au magasin qui emploie cent vingt personnes, c'est la panique. « On avait beau répondre aux clients que nous n'étions pas responsables, on en a pris plein la gueule », grimace une caissière. Si les propriétaires n'ont jamais dissimulé leur passion pour la chasse, certains salariés sont sidérés par la violence des photos. D'autres craignent les répercussions économiques que la controverse pourrait entraîner. À l'accueil, la petite pancarte jaune « Vous avez le droit au respect, les salariés aussi » accompagnée d'un large smiley ne suffit pas à calmer la fureur des visiteurs. En première ligne, les hôtesses essuient des bordées d'insultes et des promesses de boycott. Au rayon traiteur, des clients s'amusent à réclamer des « steaks de lion » ou des « filets d'hippopotame ». À la fin de cette interminable journée du 9 juillet, la direction du groupe cède à la *vox populi*. Dans un communiqué posté sur Twitter, l'enseigne se désolidarise des propriétaires en estimant que « ces images [...] vont à l'encontre des valeurs » de Super U et annonce leur départ « avec effet immédiat » ainsi que la mise en place d'une nouvelle direction. Une litanie d'articles donne de l'écho à cette décision. Le lendemain, le magasin reste fermé sans que tous les employés aient le temps d'être prévenus. La foule numérique célèbre sa victoire sur Twitter avec des GIF d'applaudissement et d'animaux qui dansent et font la fête. Pour le couple de gérants qui a été balayé comme un fétu de paille, en revanche, le silence succède soudain au déchaînement. Qui irait se soucier de la santé de ces notables ?

Un mois plus tard, plus personne n'en parle sur les réseaux, mais hors ligne, les murs de L'Arbresle bruissent encore des échos de la polémique. Du boulanger au touriste de passage, tout le monde y va de son commentaire. Cette famille de commerçants qui avait pignon sur rue est frappée d'infamie. « Ils n'osent plus sortir de chez eux, déplore un épicier du vieux bourg. On a fini par oublier tous les emplois qu'ils ont créés dans la région. » Dans la presse locale, leur avocat, Alain Jakubowicz, a beau se démener pour expliquer que « ces chasses aux trophées sont légales et en partenariat avec les pays dans lesquels ces réserves se trouvent », cela ne suffit pas à retourner l'opinion[1] ni à infléchir la position de la franchise qui les a lâchés en rase campagne.

Pourquoi les dirigeants de Super U ont-ils aussi rapidement abandonné leurs collaborateurs ? Au téléphone, le directeur de la communication de la coopérative de Système U, Thierry Desouches, est gêné aux entournures au moment de répondre à cette question[2]. « Nous avons été pris dans une tornade, concède-t-il. Nous avons subi un torrent de haine d'une violence inouïe. Nos magasins ont été menacés de boycott et de destruction. Compte tenu de l'intensité et du volume de ces attaques, nous avons été contraints de réagir et de prendre tout cela au sérieux. Dans ces moments-là, c'est très difficile d'opposer des arguments rationnels, l'émotion empêche toute analyse objective. L'affaire a été jugée avant d'avoir été instruite. Nous sommes démunis face aux réseaux sociaux ! » Pourtant après les effets d'annonce et une courte absence, le couple a regagné la gérance du magasin. « Super U a indiqué leur départ pour calmer Twitter, mais ils n'ont aucun pouvoir, car le couple est propriétaire, rectifie Alain Jakubowicz[3]. Nous avons joué la montre et attendu que les choses se tassent. Aujourd'hui, ils tentent de surmonter la brutalité de ce lynchage tandis que leurs détracteurs se sont trouvé d'autres cibles pour se défouler. »

---

1. Maud Guillot, « Super U : "On vit dans quel monde !" », *Mag2Lyon*, n° 114, été 2019.
2. Entretien le 8 août 2019.
3. Entretien le 26 septembre 2019.

Le tribunal des réseaux sociaux

Comme la dénonciation du harcèlement et des violences sexuelles après la libération de la parole permise par le mouvement #MeToo en octobre 2017, les vagues d'indignation ayant trait à la chasse ou à la maltraitance sont monnaie courante sur le web tant la sensibilité à la souffrance animale est prégnante au sein de l'opinion publique ces dernières années. Dans ce domaine, l'histoire de Walter Palmer a marqué les esprits. En 2015, ce dentiste américain est devenu l'homme le plus détesté d'Internet après avoir tué le lion Cecil, un prestigieux félin, lors d'une partie de chasse controversée au Zimbabwe[1]. Avant même les résultats de l'enquête judiciaire[2], l'association de défense des animaux PETA appelait à ce qu'il soit « pendu ». Dans le cas des gérants du Super U, les safaris étaient autorisés et les seules poursuites annoncées visent aujourd'hui les internautes qui les ont menacés de mort[3]. Dès lors, comment justifier ce harcèlement XXL et une telle détermination à vouloir rendre justice soi-même sur les réseaux ? Pour le comprendre, il fallait aller à la rencontre de ceux qui avaient pris part à cette lapidation numérique.

---

1. Christina Capecchi et Katie Rogers, « Killer of Cecil the Lion Finds Out That He Is a Target Now, of Internet Vigilantism », *The New York Times*, le 29 juillet 2015.
2. En octobre 2015, les poursuites à l'encontre de Walter Palmer ont été abandonnées.
3. Quatre plaintes ont été déposées par l'avocat des époux Alboud.

La haine en ligne

Portrait d'un justicier en ligne

Parmi la horde de twittos en colère, Julien Sayag, trente et un ans, s'est distingué en exhumant une quinzaine de photos inédites du couple Alboud lors d'une chasse au lion sauvage au Cameroun dans une salve de tweets. Celui qui se présente sur son profil Twitter comme un « militant de la gauche libertaire » ne s'est pas arrêté là. Dans la foulée, il a créé une page Facebook, « Ban Trophy Hunting France/ Un clic pour un safari », destinée à traquer tous les guides français qui proposent leurs services pour la pratique de la chasse aux trophées en Afrique. Pour une somme rondelette (pouvant aller jusqu'à cent mille euros pour un safari d'une quinzaine de jours permettant de tuer un éléphant et un lion), ces experts promettent à des touristes fortunés de s'offrir de manière légale et encadrée le grand frisson de leur vie. Derrière son ordinateur, Julien Sayag s'est déchaîné contre eux. Il a implicitement appelé au harcèlement en diffusant leurs cartes de guide comportant leur adresse, leur email, mais aussi leur numéro de téléphone. « Internet c'est aussi ça. Hey, les gros cons, vous êtes dans la boîte. Faites péter les boîtes mail, les répondeurs tout ! Il est temps de lever une armée contre tous ces mangemorts[1] ! » écrivait-il ainsi le 10 juillet 2019 dans une rafale de messages postés sur son compte Twitter. « Comment justifier

---

1. Les Mangemorts sont des personnages maléfiques issus de l'univers de *Harry Potter*.

Le tribunal des réseaux sociaux

des horreurs pareilles ?! J'invite tout le monde à vous poser la question directement par mail et pourrir vos téléphones ! »

Après avoir pris contact via Facebook, nous partons à sa rencontre. Direction Brest, où il réside depuis une dizaine d'années. Le 1er août 2019, il nous attend à la sortie de la gare, casque de scooter à la main. Avec ses cheveux plaqués, son polo Lacoste et sa veste Harrington, il n'a pas le look fantasmé d'un Torquemada des réseaux ou d'un lanceur d'alerte. Julien Sayag est contrôleur de gestion et auditeur financier. Il nous entraîne dans un troquet du port qui a vue sur l'île Longue. De son sac à dos, il extrait un encombrant ordinateur portable. « Quand j'ai vu l'histoire du Super U, j'ai commencé à faire quelques recherches sur Internet, confie-t-il d'un débit rapide. Pour moi, ce genre de loisirs morbides était réservé aux gens de la haute comme le roi d'Espagne ou à des stars comme le skieur Luc Alphand, mais pas aux petits bourgeois de province et je me suis rendu compte qu'en un clic, n'importe qui pouvait faire un safari. Si tu as de l'argent, tu peux chasser ce que tu veux, où tu veux ! » Avec sa souris, il pointe ses découvertes. Sur le site de guides ACP (fermé depuis), il tombe sur une soixantaine de fiches présentant une biographie et des coordonnées détaillées. « Il n'y avait qu'à se baisser pour les cueillir », plastronne-t-il avec un large sourire. Ni une ni deux, Sayag les partage sur sa page Facebook accompagnés d'un commentaire incitant à la délation : « Ces gens se font de la promo, rendons-leur la vie impossible ! Sans guide, pas de safari ! Le bourgeois n'irait pas s'encanailler en Afrique sans "maître" pour préparer son divertissement. » Les guides ainsi épinglés reçoivent une pluie de menaces de mort. Un vétérinaire de l'Eure qui s'était exhibé près de cadavres d'éléphants et d'hippopotames est violemment pris pour cible, et sa clinique est harcelée. « Je sers littéralement de punching-ball », maugrée son assistante lorsque nous la joignons par téléphone[1].

Julien Sayag assume. Il se revendique de la pratique anglo-saxonne du « *name and shame* », que l'on pourrait traduire par « désigner et couvrir de honte ». Cette version numérique du goudron et des plumes livre à la vindicte de l'opinion publique des personnes qui se sont rendues coupables d'un comportement déviant ou immoral. « La honte, c'est notre meilleure arme ! justifie-t-il. Si on rend justice, c'est parce que l'État ne fait pas son devoir. Le jour où ils interdiront la chasse aux trophées, ma page n'intéressera plus personne. » Pour lui, la honte en ligne répond aux carences de la justice et à l'inaction du pouvoir politique. « C'est normal que ces gens perdent leur boulot ! Quand tu t'affiches fièrement sur Internet à tuer des animaux, ce n'est pas grand-chose en fin de compte de perdre son travail, renchérit-il. Ils ne seront jamais traduits en justice, ils doivent juste vivre avec le poids de la honte. » Conscient des vagues de harcèlement qu'il peut générer, Sayag préfère en minimiser les conséquences : « Les gens oublient vite, mais les animaux tués, eux, ne reviendront pas à la vie ! »

---

1. Entretien par téléphone, le 18 juillet 2019.

Le tribunal des réseaux sociaux

L'une de ses victimes, Jean-Christophe Paris, n'a pas oublié ce qu'il a vécu et le poursuit aujourd'hui en justice. Au cours de l'été 2019, persuadé que ce dentiste d'Aix-en-Provence d'une cinquantaine d'années comptabilise une dizaine de safaris en Afrique, Sayag le harponne sur sa page Facebook. « Il a posté une photo d'un homme qui me ressemble vaguement à côté d'un lion mort. Le tout accompagné d'autres images de moi et de ma clinique, peste le docteur[1]. J'ai tenté de démentir, mais il ne m'a pas cru. Le pire, c'est que je trouve ça aberrant qu'on puisse chasser en Afrique pour ramener la tête d'un lion dans sa salle à manger, mais ce n'est pas aux internautes de rendre justice car ils ne sont pas à l'abri de se planter. J'en suis la preuve vivante ! » Dans la foulée, des militants de la cause animale se déchaînent sur le dentiste. « J'ai reçu un torrent d'injures et de menaces de mort : "On va te casser les dents", "Tu vas mourir" », énumère-t-il. Durant plusieurs semaines, il est traumatisé. Comme dans un mauvais polar, il se fait raccompagner lorsqu'il sort de son cabinet et prend l'habitude de faire deux fois le tour des ronds-points pour être certain de ne pas être suivi. « J'ai déposé plainte à la gendarmerie et j'ai fait appel à une avocate, mais nous n'avons pas réussi à arrêter ces méfaits, fulmine Jean-Christophe Paris. Les avocats français de Facebook et de Twitter ont séché la convocation du procureur d'Aix, tandis que les opérateurs téléphoniques nous ont répondu que sur une même adresse IP, vous pouviez parfois

---

1. Entretien le 6 novembre 2019.

avoir soixante mille connexions différentes et qu'il était donc impossible de remonter à Julien Sayag. » Malgré ses difficultés, Jean-Christophe Paris est déterminé à aller au bout de ses démarches judiciaires.

Cela n'effraie pas Julien Sayag. « J'ai mis en ligne des dizaines de publications sans jamais commettre la moindre erreur et je continue à ne pas le croire, rétorque-t-il, stoïque. Il n'avait qu'à m'appeler et se confronter à moi s'il est si innocent que cela ! Son histoire ne m'empêche pas de dormir, c'est sa conscience qui le travaille ! » Difficile de comprendre pourquoi ce contrôleur de gestion se sent aussi investi par ces missions punitives en ligne. Julien Sayag est embarrassé au moment d'évoquer les ressorts personnels de son engagement. Il aborde laconiquement le « vide » depuis qu'il a rompu avec sa famille, « de riches commerçants de droite », il y a une dizaine d'années, mais aussi l'opportunité de s'emparer d'un sujet dont « personne n'avait osé se saisir ». Il se définit comme un simple « activiste » sans étiquette politique, même si son cœur penche à gauche. Il cite pêle-mêle l'avocat activiste Juan Branco, l'économiste Frédéric Lordon, l'organisation Wikileaks ou bien encore la chaîne YouTube Thinkerview comme sources de sa conscientisation politique. « Les humains, les animaux, pour moi c'est la même problématique, il faut revoir le système ! Je suis révolté par l'attitude des bourgeois, par l'inconscience financière face au pillage de la planète qui perdure, par le cimetière de migrants qu'est devenu la Méditerranée, par ces ministres de l'Écologie qui ignorent le problème de la chasse aux trophées alors que je n'ai eu que deux clics à faire pour en saisir l'ampleur. » Mais aujourd'hui, il est conscient que la radicalité de sa démarche lui a coupé des ponts avec le monde politique ou associatif. « Je comprends que mes méthodes peuvent refroidir certains, mais je suis obligé d'être radical. Sans ces lynchages, je n'aurais jamais obtenu de reprises médiatiques. » L'un ne va pas sans l'autre et ce sont les médias qui permettent d'entériner ces humiliations numériques. Contrairement aux internautes qui passent à autre chose, les moteurs de recherche conservent indéfiniment les traces de ces articles. Quand on tape le nom des propriétaires du Super U de L'Arbresle, ce sont des dépouilles de lions qui apparaissent sur les premières pages de Google...

*L'ère de l'*Homo indignatus

Sur les réseaux sociaux, une condamnation chasse l'autre. Alors que le pouvoir de rendre justice semble à la portée de n'importe quel clavier, les protagonistes vont et viennent au gré des polémiques en cours. Aux critiques légitimes sur ces sentences en ligne, les défenseurs d'Internet préfèrent mettre en avant la libération de la parole et le nivellement des hiérarchies permis par le web. Qui aurait cru qu'un contrôleur de gestion brestois puisse un jour fragiliser l'une des plus importantes coopératives de commerçants de la grande distribution française en quelques clics depuis son salon ? Les masses populaires jadis réduites au silence peuvent enfin titiller les puissants. Comment cette révolution démocratique s'est-elle opérée ? Difficile d'y répondre sans faire un bond dans le temps tant la massification du numérique a bouleversé nos relations sociales[1]. Depuis la fin des années 1990, le droit de faire connaître son point de vue, jusqu'alors limité aux radios libres et au courrier des lecteurs, s'est libéré et élargi à l'ensemble de la société. Réservé à une petite élite militaro-scientifique à ses débuts[2], l'usage d'Internet s'est popularisé avec l'émergence des réseaux sociaux au mitan des années 2000. Les commentateurs autrefois reclus sur des blogs, des forums ou cantonnés à de maigres espaces de discussion aux confins des articles en ligne ont laissé place à une agora qui se réunit aujourd'hui sur de gigantesques plateformes comme Facebook et Twitter pour parler en temps réel. Jamais l'expression publique des citoyens n'a été aussi importante. Les *gatekeepers*, à savoir les intermédiaires traditionnels de l'information tels que les journalistes, sont désormais obligés de tenir compte de leurs revendications. Exit le rôle passif de lecteur ou de consommateur, chaque internaute est aujourd'hui producteur de contenus... au mieux un lanceur d'alerte, au pire un procureur en puissance. Bien sûr, dans ce grand brouhaha, toutes les récriminations n'ont pas le même écho. Derrière l'utopie d'un espace horizontal démocratique rêvé par ses pionniers, le web demeure un lieu fortement

---

1. Dominique Cardon, *La Démocratie Internet. Promesses et limites*, Seuil, 2010, chapitre II, p. 35-52.
2. Amaelle Guiton, « Benjamin Loveluck : "Internet est toujours rattrapé par l'envers de la liberté : le contrôle" », liberation.fr, le 11 décembre 2015.

hiérarchisé. Toute visibilité accordée à un commentaire est conditionnée par la popularité d'un hashtag et par une évaluation collective tranchée à coups de « likes » et de « retweets ».

Sur les « autoroutes de l'information[1] », il n'existe pas de meilleur carburant que l'énergie émotionnelle. C'est la loi d'Internet, ce qui choque ou énerve aura plus de chances d'être entendu que ce qui interroge ou pousse à la réflexion. En 2010, des chercheurs chinois de l'université Beihang de Pékin ont analysé plus de soixante-dix millions de messages postés sur Weibo, l'équivalent chinois de Twitter, en se focalisant sur l'emploi des smileys (la joie, la colère, le dégoût et la tristesse). Leur verdict était sans appel : « Nos résultats montrent que la colère est plus influente que les autres émotions, ce qui indique que les tweets colériques peuvent se propager plus rapidement et plus largement dans le réseau[2]. » C'est aussi en substance ce qu'un ancien ingénieur de Google, Tristan Harris, a démontré devant le Sénat américain, le 26 juin 2019, à propos des stratégies déployées par les Gafam[3] pour retenir l'attention de leurs utilisateurs. « Il s'avère que l'indignation morale est le sentiment qui obtient le plus d'engagements. Pour

---

1. Célèbre métaphore popularisée par Al Gore, alors vice-président des États-Unis, pour désigner la circulation des informations à l'ère du numérique.
2. Rui Fan, Jichang Zhao, Yan Chen et Ke Xu, « Anger is More Influential Than Joy: Sentiment Correlation in Weibo », arvix.org, septembre 2013.
3. L'acronyme désigne les cinq géants du web : Google, Apple, Facebook, Amazon et Microsoft.

chaque mot d'indignation ajouté à un tweet, le taux de retweet augmente de 17 %, a-t-il expliqué au sujet de la viralité sur les réseaux sociaux. En d'autres termes, la polarisation de notre société fait partie de leur modèle commercial[1]. » En mai 2020, on apprenait que les dirigeants de Facebook ont mené des recherches internes concluant que leurs algorithmes exploitent « l'attrait du cerveau humain pour la division » dans le but d'attirer l'attention des utilisateurs et d'augmenter le temps sur la plateforme[2]. Après avoir tenté de remédier à la situation, les résultats de cette étude ont été discrètement enterrés par son PDG Mark Zuckerberg. De manière assez naturelle, ce terreau favorise les comportements justiciers[3].

Au gré des émotions, des histoires personnelles ou des convictions, le monde peut basculer dans le camp des indignés. Quand nous sommes soumis au régime de l'instantanéité des échanges et à l'anonymat, les contraintes se relâchent, et notre surmoi[4] baisse sa garde. On dit tout ce que l'on pense de manière pulsionnelle, c'est-à-dire à la lettre, ce que l'on n'a pas le temps de penser et de réfléchir. Une bonne manière d'attirer l'attention et d'exhiber « sa belle

---

[1]. Bryan Menegus, « This Is How You're Being Manipulated », gizmodo.com, le 25 juin 2019.

[2]. Jeff Horwitz et Deepa Seetharaman, « Facebook Executives Shut Down Efforts to Make the Site Less Divisive », *Wall Street Journal*, le 26 mai 2020.

[3]. Eugénie Bastié, « Twitter, royaume de l'*Homo indignatus* », lefigaro.fr, le 5 juillet 2019.

[4]. Concept psychanalytique élaboré par Freud pour désigner l'instance psychique qui contrôle nos interdits.

Le tribunal des réseaux sociaux

âme », comme l'expose le sociologue Gérald Bronner qui estime que « cette forme d'héroïsme à portée de main est aussi le moyen le plus pratique pour attirer l'attention à soi[1] ». À ses yeux, « toutes les conditions sont réunies pour une course à l'échalote de la pureté morale et que nous nous corsetions les uns les autres ». Cette tendance est alimentée par le sentiment partagé de nous croire moralement supérieurs aux autres, comme l'ont démontré des recherches en psychologie sociale menées en 2016 par deux chercheurs britanniques[2]. L'étude dirigée auprès de trois cents personnes concluait ainsi : « La plupart des gens pensent fermement être justes, vertueux, dotés d'un parfait sens moral ; et lorsqu'ils observent un individu lambda, il apparaît systématiquement bien moins pourvu de telles qualités. »

Le principal obstacle à cette justice improvisée, c'est l'absence de régulation. Pris individuellement, chaque commentaire peut paraître assez inoffensif, mais leur accumulation collective terrorise et assomme la victime. Surtout qu'il n'existe presque aucun leader ou porte-voix à qui s'adresser pour hisser un drapeau blanc et interrompre le tumulte[3]. On assiste à une escalade d'attaques et de violence verbale. D'abord

---

1. Entretien le 24 mars 2020. Voir aussi Gérald Bronner, *Déchéance de rationalité*, Grasset, 2019, p. 228-230.
2. Ben M. Tappin et Ryan T. McKay, « The Illusion of Moral Superiority, Social Psychological and Personality », *Social Psychological and Personality Science*, 2016, vol. 8, n° 6, p. 623-631.
3. Morgane Tual, « Sarah T. Roberts : "Les géants du web ont choisi de rendre le processus de modération invisible" », lemonde.fr, le 11 janvier 2020.

par mimétisme[1]. Ce phénomène d'imitation panurgique est amplifié par les réseaux sociaux qui sont devenus une terrible machine d'approbation mutuelle. Tout cela étant entretenu par les algorithmes de ces plateformes et notre inclination naturelle à suivre des groupes d'amis qui pensent la même chose que nous et réagissent aux mêmes informations[2]. Cette tendance à nous cloîtrer dans nos propres certitudes au détriment de la réalité et de l'altérité a été théorisée par l'activiste d'Internet Eli Pariser sous la célèbre expression de « bulles de filtres[3] ». Selon de nombreux experts, ce biais cognitif permettrait de comprendre – du moins en partie – pourquoi autant de journalistes n'ont pas anticipé les victoires électorales de Donald Trump ou du Brexit. Les réflexes moutonniers et l'escalade de violence lors des lynchages numériques s'expliquent aussi par la dématérialisation qui n'incite pas à la retenue. On a toujours besoin de déshumaniser ceux que l'on accable. Sur Internet, la distance atténue la culpabilité et renforce le sentiment d'impunité. Vous pouvez détruire des gens sans même les connaître. Aucun lien personnel qui permettrait pourtant des excuses ou un pardon ne viendra entraver votre bras vengeur.

---

1. Lire à ce propos Gabriel Tarde, *L'Opinion et la Foule*, Puf, 1901 (nouvelle éd., 1989).
2. Un constat déjà observé dans les années 1940 par le sociologue américain Paul Lazarsfeld dans son étude sur le vote aux États-Unis et sur l'influence des relations interpersonnelles. Voir B. Berelson, P. F. Lazarsfeld, W. McPhee, *Voting. A Study of Opinion Formation in a Presidential Campaign*, Chicago University Press, 1948.
3. Eli Pariser, *The Filter Bubble: What The Internet Is Hiding From You*, Penguin, 2012.

Le tribunal des réseaux sociaux

Même s'ils sont souvent minoritaires, les indignés parlent fort, de manière frénétique, entraînent d'autres personnes dans leur sillage et génèrent un bruit inversement proportionnel au nombre de leurs troupes. Ce vacarme entretient ce que la sociologue allemande Elisabeth Noelle-Neumann a désigné sous l'expression de « spirale du silence[1] ». Ce phénomène voit les individus taire leurs pensées lorsque celles-ci contredisent l'opinion publique, par peur de se retrouver isolés socialement. Défendre quelqu'un, c'est s'exposer à être condamné à son tour ; ne pas s'indigner, c'est prendre le risque d'apparaître comme un complice du mal[2]. Selon la théorie du « bouc émissaire », chère à René Girard, toute communauté se constitue par le rejet et le sacrifice d'un élément tiers. L'unanimisme règne donc toujours en maître lors des exécutions numériques. Malheur à celui ou celle qui est voué(e) aux gémonies...

Une arme de destruction sociale

Mardi 17 mars 2020 à midi, la France bascule dans un confinement totalement inédit dans l'histoire du pays afin d'endiguer la propagation du COVID-19. Rapidement sur les réseaux sociaux, les gestes de solidarité et de soutien à l'égard du personnel soignant

---

1. Elisabeth Noelle-Neumann, *The Spiral of Silence*, The University of Chicago Press, 1993.
2. Laurent de Sutter, *Indignation totale*, Les Éditions de l'Observatoire, 2019, p. 36-42.

se multiplient. Les appels à la délation envers ceux qui ne respectent pas les consignes aussi[1]. Le 28 mars sur Twitter, @FallaitPasSuppr, un compte anonyme habitué à exhumer les messages effacés[2], se lance ainsi dans un grand appel à la délation de ceux qui ont choisi de quitter Paris après l'arrêté sanitaire. « Recensons sous ce tweet tous ces fdp[3] qui ont déserté les grandes villes à l'annonce du #confinement : Politiques, journalistes, people », ordonne-t-il du haut de ses quatre-vingt mille followers, avant d'épingler une longue liste de personnalités parmi lesquels Gérard Miller, Anne Nivat, Bernard Montiel, Antoine de Caunes ou encore Natacha Polony ou Michel Drucker. Et tant pis si, dans cette liste, des célébrités avaient fait le choix de partir avant, elles sont malgré tout la cible d'injures et de menaces[4]. « Fuir les grandes métropoles la veille de l'entrée en vigueur du confinement est CRIMINEL, se justifie-t-il. Le mal est malheureusement déjà fait. Il reste le NAME AND SHAME que nous poursuivrons demain », avant de remercier sa communauté pour ses signalements.

Le « *name and shame* », originaire des pays anglo-saxons, est aujourd'hui largement répandu sur le web pour dénoncer des comportements jugés immoraux.

---

1. Alexandre Kauffmann, « Avec le coronavirus, le retour des corbeaux », lemonde.fr, le 10 avril 2020.

2. Après avoir accepté initialement, l'animateur anonyme du compte @FallaitPasSuppr a finalement refusé de répondre à nos questions.

3. Initiales de l'insulte « fils de pute ».

4. Bernard Montiel a par exemple expliqué qu'il possède sa résidence principale à Pyla-sur-Mer depuis trente-deux ans.

Le tribunal des réseaux sociaux

Plus rapides et efficaces qu'une plainte ou l'attente interminable d'un procès, ces campagnes de publicité négative qui se sont popularisées partout dans le monde se conjuguent à merveille avec l'instantanéité des réseaux. Cette forme de populisme considère que les lois et la justice ne sont pas aptes ou suffisantes pour punir les prétendus coupables et qu'il faut agir soi-même. Les délateurs se retrouvent investis d'une magistrature totale recouvrant à la fois le rôle de l'accusateur, du juge et du bourreau sans aucun égard pour la culpabilité effective, la recherche de preuves, l'étude du contexte ou l'importance du contradictoire. « La justice n'est pas forcément l'apanage des juges et c'est positif que cette vertu soit couramment partagée au sein de la société, relativise Sébastien Neuville, professeur de philosophie de droit à Toulouse et Sciences Po Paris. Quand un enfant a l'impression qu'il a une part de gâteau moins grosse que son petit frère, il aura naturellement tendance à dire : "Ce n'est pas juste." Le problème, c'est que sur les réseaux sociaux, son exercice se tient en dehors de tout cadre juridique et avec une volonté de lynchage. Il n'y a pas de respect des droits de la défense. Quant à la présomption de bonne foi et d'innocence qui sont essentielles dans le droit, elles sont foulées aux pieds[1]. »

Si la mobilisation est au rendez-vous, le procédé est d'une efficacité instantanée, contrairement au temps judiciaire, fatalement beaucoup plus long. « La rapidité des réseaux sociaux n'est pas compatible avec la pratique de la justice, qui nécessite de la lenteur,

---

1. Entretien le 24 février 2020.

de la prudence et de la pondération, estime Sébastien Neuville. En ligne, les procès ressemblent davantage aux tribunaux révolutionnaires administrés par Fouquier-Tinville pendant la Terreur qu'à un idéal de justice. »

Loin du calme qui préside habituellement dans une salle d'audience, c'est le bruit et la fureur qui règnent sur Internet. L'historien du communisme Romain Ducoulombier dresse un parallèle avec l'atmosphère qui planait lors des procès de Moscou : « On ressent la même liesse dans ces lynchages en ligne que dans la mise en scène des procès spectacles soviétiques. Fin 1930, le procès public contre les ingénieurs "saboteurs[1]" se termine dans les applaudissements de la salle à l'annonce des condamnations à mort. Le pouvoir met en spectacle l'opposition entre le peuple et les élites. Ce qui surprend sur les réseaux sociaux, c'est la spontanéité avec laquelle l'indignation s'agrège grâce à des instruments d'expression exceptionnels mis au service de minorités actives, qui y gagnent une grande visibilité[2]. » Le brouhaha des internautes dicte souvent l'agenda éditorial des médias qui se sentent obligés d'en rendre compte. Ces articles consacrent la mort sociale de la personne visée par la vindicte populaire. La honte est contagieuse, personne ne souhaite être éclaboussé. En l'espace de quelques heures, l'individu ciblé peut voir son employeur lui tourner le dos et son tissu relationnel se désagréger. Il devient un citoyen de seconde zone.

---
1. Ce procès est connu sous le nom de « procès du Promparti ».
2. Entretien le 27 février 2020.

Le tribunal des réseaux sociaux

La promesse de réinsertion sociale vole en éclats. Qui accueillerait chez soi un homme recouvert de boue ?

La société de contrôle

Notre société restera peut-être dans l'histoire comme celle d'un nouveau genre de surveillance de masse. Chacun de nos faits et gestes peut désormais faire l'objet d'une appréciation. À chaque passage au restaurant dans un hôtel ou même dans des toilettes publiques, on vous incite à l'évaluation. Aucune profession n'y échappe. On peut noter son avocat, son médecin, son taxi et même le journaliste dont on vient de lire l'article. De la notation à la délation, la frontière est parfois ténue. Depuis 2016, le site evaluer-chauffeur.fr propose de critiquer les automobilistes[1]. Sur ce site, un formulaire permet à quiconque d'inscrire une incivilité qu'il a repérée en précisant le numéro de la plaque minéralogique du véhicule inopportun et d'y ajouter un commentaire. Chaque mois, un classement des meilleurs et des pires conducteurs est établi. Et les internautes ont plus souvent tendance à signaler les chauffards que ceux qui se distinguent par leur courtoisie et leur respect scrupuleux du Code de la route...

Dans les airs, c'est le compte @PassengerShame qui gère la dénonciation des comportements grossiers. « Quelle honte ! », « Il faudrait qu'il soit interdit

---

[1]. Marc Rees, « Evaluer-chauffeur.fr, quand un site épingle les chauffards, plaques à l'appui », nextinpact.com, le 25 juin 2018.

d'avion ce mec!», «Dégueulasse!» Voilà en substance ce que l'on peut lire en dessous des publications de ce compte suivi par près d'un million de personnes sur Instagram et cinq cent mille sur Facebook. On y trouve des passagers matant tranquillement du porno, se curant les pieds ou les dents, avachis sur plusieurs sièges, ou bien ayant embarqué secrètement un animal (chat, singe, cobra...) dans leur bagage cabine. De sa maison à Columbus, dans l'État de l'Ohio, aux États-Unis, Shawn Kathleen, la fondatrice de la page, nous raconte par téléphone, d'une voix grave et enjouée, les raisons qui l'ont poussée à créer cette page. « J'ai été hôtesse de l'air durant des années et j'ai assisté à des choses tellement folles que j'ai choisi de les exposer, relate-t-elle[1]. Au départ, je l'ai fait sur un blog puis j'ai décidé d'avoir recours uniquement à la photo avec Instagram car à l'écrit les gens ne me croyaient pas forcément alors que toutes ces histoires étaient 100 % vraies. »

Le compte de cette ancienne hôtesse de l'air exaspérée est alimenté par des agents de bord du monde entier comme par des clients outrés qui n'hésitent pas à balancer la moindre incivilité qu'ils peuvent observer. « Au début, la majorité des photos provenaient d'employés des compagnies aériennes et maintenant ça vient majoritairement des passagers, assure Shawn Kathleen. J'en reçois des centaines chaque jour. Je trouve que ça en dit beaucoup sur notre société. Les gens pratiquent la dénonciation, car ils n'ont plus

---

1. Entretien le 12 septembre 2019.

aucune envie de se retrouver à côté de quelqu'un qui a un mauvais comportement. » @PassengerShame vise littéralement à « foutre la honte » aux passagers se rendant coupables de conduites grossières, comme l'assume Shawn Kathleen. « Je crois que la honte force les gens à modifier leur attitude », affirme-t-elle. Elle se défend cependant d'inciter au lynchage et veille à canaliser tous les excès que l'incitation à la dénonciation peut générer. « Avec @PassengerShame, on expose seulement les comportements, pas les personnes, certifie-t-elle. Toutes les photos sont prises dans l'espace public, il n'y a aucune intrusion dans la vie privée des gens et je floute systématiquement les visages des enfants. On ne jugera jamais quelqu'un sur ses vêtements, son poids ou n'importe quoi. Les gens m'en envoient souvent en espérant que je les diffuse, mais je ne posterai jamais ça ! »

Si les voyageurs ayant dû subir les contrecoups de cette mauvaise publicité sont donc rares, d'autres accusations publiques lancées sur le web peuvent contraindre les autorités policières ou judiciaires à se saisir de l'infraction constatée[1]. Tout l'Internet français a encore en mémoire une vidéo de 2014 montrant un mignon petit chaton roux baptisé Oscar jeté violemment contre un mur. La séquence instantanément virale a suscité une impressionnante mobilisation en ligne. La pétition réclamant la punition de son bourreau recueille plus de deux cent soixante mille signatures. Son signalement transmis à la police

---

1. Benjamin Loveluck, « Le vigilantisme numérique, entre dénonciation et sanction », *Politix*, 2016/3, n° 115, p. 127-153.

permet de l'identifier et de l'arrêter. Âgé de vingt-cinq ans, l'auteur originaire des quartiers nord de Marseille est alors condamné à un an de prison ferme. Une peine exceptionnellement sévère pour l'avocat et blogueur connu sous le pseudonyme de Maître Eolas, puisque l'animal a survécu et que des auteurs de violence conjugale écopent souvent de sanctions inférieures (même s'ils sont récidivistes[1]). L'émotion autour du chaton y est sans doute pour beaucoup.

La société numérique a toujours été régie par une forme de surveillance mutuelle. Dès ses origines, Internet a été conçu comme un espace d'autorégulation dont Wikipédia apparaît comme le projet le plus abouti et le plus emblématique. Et malgré la prolifération des lois, l'État a abandonné l'arbitrage de la liberté d'expression aux réseaux sociaux qui l'automatisent largement avec des logiciels souvent perfectibles[2]. Pour échapper aux poursuites, la plupart de ces plateformes (de YouTube à Twitter, en passant par Facebook) délèguent d'ailleurs le pouvoir de détection des infractions à ses utilisateurs. C'est à eux de signaler via un bouton – souvent surmonté d'un petit drapeau – tout contenu violant la charte éthique du réseau. De la même manière, les internautes sont fortement incités à échanger et dénoncer des comportements auprès de la police ou de la justice, elles aussi présentes sur ses réseaux. La plateforme Pharos, lancée par l'État en 2009, a permis (et permet

---

1. Renaud Février, « Celui qui met un chat dans un mixeur, on le condamne à quoi ? », *L'Obs*, le 3 février 2017.
2. Damien Leloup, « Malgré les lois, l'État a abandonné aux réseaux sociaux l'arbitrage de la liberté d'expression », lemonde.fr, le 19 février 2020.

encore, malgré le changement de nom[1]) à tout internaute de faire connaître un contenu en ligne illicite. En dix ans, le nombre de signalements a explosé, passant de cinquante-trois mille à plus de deux cent vingt-huit mille[2], essentiellement pour des escroqueries. Ce phénomène est amplifié par la possibilité donnée à tout un chacun de filmer, photographier, enregistrer des incivilités grâce aux smartphones et autres nouveaux outils du numérique. Tout se passe tel que l'avait prophétisé Gilles Deleuze lorsqu'il annonçait le passage des sociétés disciplinaires aux sociétés de contrôle « qui fonctionnent non plus par enfermement, mais par contrôle continu et communication instantanée[3] ». Pessimiste, le philosophe considérait que « face aux formes prochaines de contrôle incessant en milieu ouvert, il se peut que les plus durs enfermements nous paraissent appartenir à un passé délicieux et bienveillant ».

Aux origines de la cancel culture

C'est un parchemin interminable qui n'en finit plus de s'écrire[4]. En gros caractères, on pourrait y lire les noms de l'actrice Roseanne Barr, du réalisateur

---

[1]. Le portail officiel de signalement des contenus illicites de l'Internet est désormais internet-signalement.gouv.fr.
[2]. Hugo Wintrebert, « Violences, pédophilie, terrorisme... quand les justiciers du web font leur loi », *Le Parisien*, le 15 février 2020.
[3]. Gilles Deleuze, *Pourparlers (1972-1990)*, Les Éditions de Minuit, 2003, p. 236-237
[4]. Jonah Engel Bromwich, « Everyone Is Canceled », *The New York Times*, le 28 juin 2018.

La haine en ligne

James Gunn, du précurseur des logiciels libres Richard Stallman, de la romancière J. K. Rowling ou bien encore du cinéaste Woody Allen[1]. Chacun d'entre eux a été *canceled*, ce que l'on pourrait traduire par « annulé ». L'annulation, c'est le nom donné à la démolition d'une réputation édictée en un claquement de tweets. Ce vocable a commencé à être utilisé sur la Toile à partir de 2015 quand la communauté noire américaine, très présente et influente sur Twitter[2], a décidé d'en faire usage pour désapprouver le comportement d'une personne, de manière sérieuse ou totalement humoristique. Du type : « Ma copine Manon n'a pas fini sa pizza. Elle est annulée. »

Cette expression populaire s'est muée au fil du temps en une pratique sociale désignant le boycott culturel et numérique de stars coupables d'actes jugés immoraux. Les contributeurs de Urban Dictionary, le dictionnaire collaboratif du jargon du web, se sont mis d'accord pour dire qu'il s'agit d'un « phénomène

---

1. La chaîne américaine ABC a annoncé l'arrêt brutal de *Roseanne*, la série la plus populaire des grandes chaînes américaines, après un tweet raciste de sa comédienne star. L'écrivain-réalisateur James Gunn a été renvoyé de Walt Disney pour une série de tweets douteux postés dix ans plus tôt, avant d'être réembauché. Le pionnier du logiciel libre Richard Stallman a été contraint de démissionner après des propos controversés sur l'affaire Epstein en partie déformés par la presse américaine. J. K. Rowling, la créatrice de la saga *Harry Potter*, s'est vue accuser de transphobie suite à des messages postés sur Twitter. Enfin, le groupe Hachette a décidé d'annuler la publication des mémoires de Woody Allen en raison de l'accusation d'agression sexuelle portée par sa fille adoptive, Dylan Farrow. Il a finalement été publié par Stock.

2. Agathe Auproux, « Black Twitter : la puissance d'une communauté dans la communauté », *Les Inrocks*, le 23 juillet 2013.

Le tribunal des réseaux sociaux

Internet qui désigne le moment où une personne est désinvestie de son influence ou de sa gloire en raison de ses actions douteuses ou d'accusations, qu'elles soient fondées ou non ». Avant on annulait son spectacle, aujourd'hui on annule aussi la personne. Pour les fans de l'artiste, le mot d'ordre est alors d'arrêter d'écouter ses disques, de regarder ses films ou bien encore de lire ses livres. Dans la cohue, les critiques succèdent souvent aux désabonnements et pouces en bas sur YouTube et aux commentaires négatifs sur Amazon. L'objectif est de décrédibiliser et de démonétiser la parole publique de celui ou celle qui était jusqu'ici reconnu(e). Dans les faits, cette volonté de traumatiser les coupables vire souvent au cyberharcèlement[1].

La popularisation de cette méthode vient de la communauté militante « woke[2] » qui désigne grosso modo les utilisateurs de gauche, soucieux de lutter contre toutes les formes d'injustice qu'elles soient sexistes, ethniques, sociales, voire environnementales. *Woke* signifie « éveillé ». Ce terme d'argot a émergé au sein de la communauté afro-américaine à la faveur du mouvement Black Lives Matter lancé en 2013 pour protester contre les violences policières. La communauté « woke », qui regroupe aujourd'hui plus largement des militants antiracistes, féministes ou LGBT, a contribué à entretenir une atmosphère

---

1. Titiou Lecoq, « Les questions à se poser avant de *cancel* quelqu'un », slate.fr, le 24 janvier 2020.
2. Marc-Olivier Bherer, « Ne soyez plus cool, soyez "woke" », *Le Monde*, le 3 mars 2018.

d'hygiénisation du débat public. Ce climat a été amplifié par la libération de la parole permise par #MeToo aux États-Unis ou #BalanceTonPorc en France, dans lesquels des centaines de femmes ont dénoncé publiquement leurs agresseurs et harceleurs sexuels[1]. Pour ses contempteurs, le conformisme « bien-pensant » de la *cancel culture* fait régner une atmosphère de censure sur le débat public. Selon ses défenseurs, elle répondrait au contraire aux actes et propos racistes (également sexistes) endémiques qui touchent la société et pour lesquels il est parfois difficile de traîner les responsables en justice[2]. En France, seulement 10 % des femmes victimes de viol portent plainte et environ 3 % des viols débouchent sur un procès en cour d'assises[3]. « Comme un buvard, la société américaine impacte aujourd'hui la société française, se félicite Sandra Muller[4], qui a lancé le hashtag #BalanceTonPorc en octobre 2017. Avant, lorsqu'une femme dénonçait une agression, on l'accusait d'être une délatrice. Les procédures judiciaires sont encore trop longues et la libération de la parole sur les réseaux sociaux a permis une prise de conscience des comportements machistes encore en vigueur. »

---

1. En France, les plaintes pour violences sexuelles sont en forte hausse. En 2019, plus de 54 000 faits ont été enregistrés, soit une augmentation de 12 %. Source AFP, « Les faits de violences sexuelles enregistrés par la police et la gendarmerie ont augmenté de 12 % en 2019 », le 16 janvier 2020.

2. Yann Bouchez, « Le toujours très difficile traitement des plaintes pour violences sexuelles », lemonde.fr, le 6 novembre 2019.

3. Gary Dagorn, « Les violences sexuelles touchent plusieurs millions de femmes en France », lemonde.fr, le 11 mai 2018.

4. Entretien le 15 juillet 2019.

Le tribunal des réseaux sociaux

Sur les réseaux sociaux, la *cancel culture* apparaît parfois comme une vengeance de la plèbe contre les élites culturelles. Mue par un désir de revanche sociale, la plèbe numérique trouve un plaisir jubilatoire à déboulonner les statues qu'elle avait contribué à ériger. Les stars chutent lourdement de leur piédestal et sont piétinées par la multitude. Le phénomène se révèle éprouvant à vivre même pour des célébrités que l'on pensait inatteignables. Accusée d'avoir menti publiquement par Kim Kardashian et son mari Kanye West, la chanteuse américaine Taylor Swift aux dix Grammy Awards est revenue sur cette amère expérience en témoignant : « Une honte publique massive, avec des millions de personnes affirmant que vous êtes annulée, est une expérience très isolante. Je ne pense pas qu'ils puissent réellement comprendre ce que l'on peut ressentir quand des millions de personnes vous haïssent aussi fort. Quand vous dites que quelqu'un est annulé, ce n'est pas une émission de télévision. C'est un être humain que vous touchez. Vous envoyez des quantités massives de messages à cette personne soit pour la faire taire, soit pour la faire disparaître, et cela pourrait même passer pour une incitation à ce qu'elle se suicide[1]. »

Une fois la personne annulée, l'effacement de l'espace public peut être prompt et brutal. Les employeurs et soutiens éventuels sont obligés de se désolidariser, sous peine d'être marqués à leur tour. Le cas le plus emblématique reste celui de Kevin

---

1. Abby Aguirre, « Taylor Swift on Sexism, Scrutiny, and Standing Up for Herself », *Vogue*, le 8 août 2019.

Spacey. En octobre 2017, dans le sillage de l'affaire touchant le producteur de cinéma Harvey Weinstein, l'acteur américain fait l'objet de multiples accusations de harcèlement sexuel et d'agressions sexuelles. Le comédien Anthony Rapp affirme que la star américaine l'a agressé sexuellement alors qu'il avait quatorze ans, en 1986. Spacey répond à cette allégation sur Twitter, en s'excusant auprès de Rapp, même s'il affirme ne pas se souvenir de ladite rencontre. La foule numérique gronde et balaie ses regrets[1]. L'interprète de Keyser Söze, le personnage culte du film *Usual Suspects* qui échappe aux griffes de la justice grâce à son génie, est quasi instantanément banni d'Hollywood. Netflix décide de le retirer de la série *House of Cards* dont il était la tête d'affiche. Le réalisateur britannique Ridley Scott, qui venait de tourner un film avec lui, se sent même contraint de l'effacer[2]. Une partie des scènes est refilmée à la hâte avec un autre acteur et le reste est modifié numériquement pour gommer son visage.

Un rituel de purification

Dans une société fragmentée et désenchantée, la culture de l'annulation apparaît aussi comme un rituel de purification sociale permettant d'exclure ceux

---

1. Aucune accusation contre Kevin Spacey n'a débouché à ce jour sur des condamnations pénales. Les poursuites de William Little, son dernier accusateur, ont été abandonnées.
2. Christophe Pinol, « Comment Ridley Scott a effacé Kevin Spacey », *Le Temps*, le 14 février 2018

Le tribunal des réseaux sociaux

qui ne se plient pas aux normes. Comme si l'élimination simple et dichotomique de quelques-uns légitimait la cohésion du groupe. Sur Internet, l'heure est à une morale intolérablement stricte. En 2019, Bret Easton Ellis a défrayé la chronique aux États-Unis en s'y attaquant avec un pamphlet intitulé *White*[1]. Après une décennie de silence littéraire, l'écrivain américain y brave de front cette *cancel culture* et le politiquement correct qu'elle fait régner sur les réseaux. Douze mois plus tard, nous l'avons appelé afin de comprendre les ressorts de son incroyable développement en Amérique mais aussi en Europe[2]. D'une voix assurée, de son appartement situé au huitième étage d'un gratte-ciel qui surplombe West Hollywood, le célèbre auteur de *Moins que zéro* commence par en rire : « Quand un ami me demande comment je vais, je lui réponds : "Écoute, je vais pas trop mal pour quelqu'un qui a été *canceled* à trois reprises durant la même année." » Avant d'ajouter, plus solennel : « Je constate que cette *cancel culture* se répand un peu partout dans le monde et si j'avais su que ce sujet prendrait une telle ampleur et que vous m'appelleriez de France pour me poser des questions là-dessus, j'aurais certainement travaillé plus en profondeur le sujet dans mon dernier livre. Je remarque que la plupart des phénomènes de *cancel culture* sont fondés sur des accusations morales et pas sur des faits. Alors, évidemment, tout cela représente une menace pour nos libertés, celles qui constituent notre culture et qui

---

1. Bret Easton Ellis, *White, op. cit.*
2. Entretien le 17 janvier 2020.

sont aujourd'hui foulées aux pieds. Cette société de l'indignation et du blâme s'appuie sur des schémas très autoritaires qui ne tiennent pas compte de la complexité de l'être humain. Nous sommes la conséquence d'erreurs et d'errements, cette ère de l'irréprochabilité n'a aucun sens. »

À ses yeux, le vrai problème réside dans le crédit accordé à ces mouvements de meute sur les réseaux. « Que des gens encouragent la *cancel culture* sur Twitter où l'on voit passer des tonnes de saloperies et de fake news, c'est une chose, s'appesantit Ellis. Ce n'est pas très surprenant. Mais ce qui me choque le plus, c'est de voir que des entreprises la corroborent en répondant positivement à ces demandes des réseaux sociaux. Quand une boîte décide de se séparer d'un employé au seul motif que des gens le demandent, c'est un grave problème. Comment une somme de gens anonymes qui hurlent le plus fort possible peut-elle être prise au sérieux dans la rupture d'un contrat de travail ? » L'enfant terrible des années 1980 jadis critique de la droite reaganienne estime aujourd'hui que c'est la gauche américaine qui vire réactionnaire : « Quand j'étais plus jeune, la gauche défendait plutôt la liberté d'expression. Aujourd'hui, les mouvements progressistes deviennent aussi rigides et autoritaires que les institutions qu'ils combattent. » Avant de raccrocher, il conclut : « Ce qui est révélateur, c'est que dans beaucoup de cas, on est *canceled* pour quelque chose qu'on a fait il y a très longtemps. Parfois plus de trente ans. Sur une période aussi longue, personne aujourd'hui n'est irréprochable, et donc tout le monde peut être *canceled*. Qu'est-ce que cela veut dire ? Cela veut dire que nous sommes tous coupables. Nous avons tous eu à un moment un comportement limite et nous avons tous continué à avancer. Il faut simplement, en prenant ça en considération, qu'on n'oublie pas de punir les vrais coupables, et en particulier les vrais prédateurs. »

Les débats autour de la *cancel culture* déchirent la gauche américaine encore traumatisée par l'élection de Donald Trump en 2017. Le 7 juillet 2020, un collectif de plus de cent cinquante écrivains, artistes et journalistes de divers horizons politiques a tiré la sonnette d'alarme contre « l'atmosphère étouffante » générée par la *cancel culture* en publiant une lettre ouverte sur le site de la prestigieuse revue américaine, *Harper's Magazine*[1]. On peut y lire : « La censure, que l'on s'attendait plutôt à voir surgir du côté de la droite radicale, se répand largement aussi dans notre culture : intolérance à l'égard des opinions divergentes, goût pour l'humiliation publique et l'ostracisme, tendance à dissoudre des questions politiques complexes dans une certitude morale aveuglante [...] On renvoie des rédacteurs en chef pour avoir publié des articles controversés ; on retire des livres sous le prétexte d'un manque d'authenticité ; on empêche des journalistes d'écrire sur certains sujets ; on enquête sur des professeurs à cause des œuvres littéraires qu'ils citent en classe ; un chercheur est renvoyé pour avoir fait circuler un article scientifique dûment examiné par des

---

1. Collectif, « A Letter on Justice and Open Debate », *Harper's Magazine*, le 7 juillet 2020.

pairs ; et on limoge des dirigeants d'organisation pour des erreurs qui ne sont parfois que des maladresses. »

Parmi les personnalités signataires du texte : Salman Rushdie, Garry Kasparov, Margaret Atwood, Gloria Steinem, Noam Chomsky, ou bien encore Mark Lilla, l'historien des idées qui avait déjà fustigé les dérives identitaires de la gauche américaine[1]. Pour ce professeur en sciences humaines à l'université Columbia (New York), la *cancel culture* trouve son origine dans l'héritage évangélique puritain et protestant des Américains qui pousse à voir le monde de façon binaire à travers l'éradication des péchés. « C'est une menace pour nos libertés mais ce n'est pas le pire, met en garde Lilla[2]. C'est surtout un danger pour le débat démocratique et le respect libéral. Une démocratie libérale a besoin d'un échange régulier d'idées et d'arguments pour bien fonctionner, sinon elle devient une démocratie illibérale, comme on le voit en Hongrie ou en Turquie. »

Cette course à la pureté idéologique qui sévit sur les réseaux sociaux a également poussé Barack Obama à sortir de sa réserve[3]. Le 31 octobre 2019, lors du sommet de l'Obama Foundation de Chicago, l'ancien président américain a cherché à avertir les jeunes militants qui lavent plus « woke » que « woke » sur les réseaux sociaux et dans les campus universitaires où des conférences politiques sont régulière-

---

1. Mark Lilla, *La Gauche identitaire. L'Amérique en miettes*, Stock, 2018.
2. Entretien le 10 juillet 2020.
3. Emily S. Rueb et Derrick Bryson Taylor, « Obama on Call-Out Culture: "That's Not Activism" », *The New York Times*, le 31 octobre 2019.

Le tribunal des réseaux sociaux

ment perturbées. Obama dit ainsi avoir prévenu sa fille aînée, Malia, qu'il fallait se garder de participer à ces opérations de boycott et se départir de cette vision manichéenne de la société. « Le monde est en désordre. Il y a des ambiguïtés. Les gens qui font de très bonnes choses ont des défauts […]. Ce n'est pas de l'activisme. Cela n'apporte pas de changement. Si vous ne faites que lancer des pierres, vous n'irez pas très loin », a prévenu Barack Obama.

Surtout que la popularisation de cette méthode s'est étendue à des personnes inconnues qui se remettent forcément moins bien des lapidations de la *cancel culture* qu'un homme aussi puissant que Kanye West[1] qui malgré ses prises de paroles controversées[2] continue à écouler des centaines de milliers de disques comme si de rien n'était. Le cas le plus célèbre est celui de Justine Sacco : en l'espace d'un vol de onze heures entre Londres et Le Cap en Afrique du Sud, sa vie a explosé. Elle a alors trente ans et elle est directrice d'un service de relations publiques. Habituée aux mauvaises blagues sur son compte Twitter suivi par seulement cent soixante-dix abonnés, elle ose une plaisanterie douteuse avant de prendre l'avion. Le 20 décembre 2013, elle tweete ainsi : « Départ pour l'Afrique. Espère ne pas choper le sida. Je déconne. Je suis blanche ! » Durant son vol, son message est repéré

---

1. Jon Caramanica, « Into the Wild With Kanye West », *The New York Times*, le 25 juin 2018.
2. Après avoir soutenu Donald Trump au cours de l'élection présidentielle américaine de 2016, la star américaine du rap avait déclaré au cours de la même période : « On entend parler de l'esclavage qui a duré pendant quatre cents ans… Ça ressemble à un choix selon moi. »

et devient le premier sujet de discussion au monde. Donald Trump (qui n'est pas encore président des États-Unis) appelle comme beaucoup d'autres à son licenciement. Quand elle rallume son portable, c'est une déferlante. Elle consulte des centaines de textos inquiets, dont certains émanant de camarades de classe à qui elle n'a pas adressé la parole depuis le lycée. Un internaute qui a réussi à identifier le numéro de son vol la prend en photo à sa descente de l'avion. Elle est licenciée. Les hôtels qui devaient l'accueillir refusent de l'héberger. Elle n'a même pas le temps de se défendre et d'expliquer que c'était de l'humour visant à dénoncer « une situation qui existe, réellement en Afrique du Sud post-apartheid » et de se moquer de sa position privilégiée de jeune blanche vivant « dans une bulle », comme elle le fera plus tard. Le scandale est mondial. Son travail, sa vie privée et même le soutien de sa famille volent tour à tour en éclats.

C'est une constante, la culture de l'annulation obère la complexité du réel. Le prérécit de culpabilité balaie notre vigilance rationnelle. La dureté des sanctions en retour s'en trouve disproportionnée. Il n'y a pas de place pour le pardon dans cette justice sociale puisque son essentialisme nie toute capacité de l'être humain à apprendre de ses erreurs[1]. C'est la conclusion à laquelle a abouti le journaliste gallois Jon Ronson, pourtant emballé au départ par cette démocratisation de la justice promise par les réseaux

---

1. Marie, « Comprendre la *"cancel culture"*, cette violence au nom d'un monde meilleur », madmoizelle.com, le 4 février 2020.

Le tribunal des réseaux sociaux

sociaux. Après une longue enquête dans laquelle il a notamment rencontré Justine Sacco[1], il a donné une conférence TED en 2015 dans laquelle il a tenté d'alerter l'opinion publique sur les terribles conséquences des tribunaux en ligne[2]. Avant de rendre son micro et d'être chaleureusement applaudi, Ronson disait ceci : « Au début de son existence, Twitter était comme un lieu radical de déshumiliation. Les gens admettaient des secrets honteux, et d'autres personnes répondaient : "Mon Dieu, je suis exactement pareil !" [...] Aujourd'hui, on fait la chasse aux secrets honteux. Vous pouvez mener une vie noble et éthique, mais un mauvais tweet peut la ruiner. Il sera considéré comme la preuve de vos démons intérieurs. [...] Les idéologues gagnent du terrain et créent une scène pour de grands drames constants et artificiels où chacun est un superbe héros ou un ignoble méchant, mais nous savons que ce n'est pas vrai. Nous sommes intelligents *et* stupides. Il y a des zones grises. L'idée géniale des médias sociaux était de donner une voix aux personnes sans voix, mais nous créons maintenant une société de surveillance où la façon la plus intelligente de survivre est de redevenir sans voix. » Cinq ans plus tard, ce sombre présage est une réalité. Notre vie sociale en ligne est une menace et le web s'est progressivement transformé en espace de flicage.

---

1. Jon Ronson, *La Honte !*, Sonatine, 2018.
2. *Id* : Jon Ronson, « When Online Shaming Goes Too Far », TED-GlobalLondon, juin 2015.

2.

Une vie sociale à haut risque

La chaleur des projecteurs l'enveloppe alors qu'elle retient son souffle. Ce samedi 3 février 2018, devant six millions de téléspectateurs, les lumières tapageuses de *The Voice*, l'émission de télé-crochet de TF1, sont braquées sur Mennel Ibtissem[1]. Cette chanteuse de vingt-deux ans est venue interpréter *Hallelujah*, la légendaire chanson de Leonard Cohen, lors d'une audition à l'aveugle. Face à la pureté de sa voix et la beauté de son adaptation mariant l'anglais et l'arabe, les fauteuils rouges des coachs pivotent tour à tour face à elle. La France découvre alors les traits angéliques d'une jeune femme coiffée d'un turban turquoise. Celle qui est née à Besançon d'un père syrien et d'une mère algérienne sort de l'ombre et marque les esprits. Sur Twitter, les compliments pleuvent, tout le monde n'a d'yeux que pour elle.

Dès le lendemain pourtant, la belle histoire se fissure. Des internautes se mettent à pointer du doigt

---

[1]. Ibtissem est le prénom de sa cousine, qu'elle a choisi comme pseudonyme lorsqu'elle s'est inscrite sur les réseaux sociaux.

« son voile qui gâche tout » et fouillent le passé numérique de Mennel. Ses comptes Facebook et Instagram sont examinés à la loupe. En remontant deux années en arrière, ils finissent par tomber sur un écrit polémique posté au lendemain de l'attentat de Nice, le 15 juillet 2016. On y lit : « C'est bon, c'est devenu une routine, un attentat par semaine ! Et toujours pour rester fidèle, le terroriste prend avec lui ses PAPIERS d'identité. C'est vrai que quand on prépare un sale coup on n'oublie SURTOUT PAS de prendre ses papiers #PrenezNousPourDesCons. » Puis sur celui-ci, posté le 1er août 2016, une semaine après l'attentat de Saint-Étienne-du-Rouvray : « Les vrais terroristes c'est notre gouvernement. » Sur les réseaux sociaux, des milliers d'internautes se déchaînent et réclament son départ de l'émission.

Le lundi suivant, Mennel Ibtissem fait ses excuses publiques : « Je condamne bien évidemment avec la plus grande fermeté le terrorisme. C'était la raison de ma colère. Comment imaginer défendre l'indéfendable ? » Le mercredi, elle implore à nouveau pardon en expliquant que ses messages « étaient l'expression d'une peur qu'elle partageait seulement à cette époque, avec [ses] amis sur ce réseau ». Cela n'y change rien. Les réseaux sociaux ont déjà décidé de son sort. Des tombereaux d'insultes et de menaces s'abattent sur la jeune chanteuse et ses proches[1]. Le casteur qui l'a repérée et qui avait laissé

---

1. Selon Visibrain, l'outil de veille des médias sociaux, plus de deux cent quatre-vingt-trois mille messages sont postés sur Twitter sur cette polémique du 3 au 11 février 2018.

Une vie sociale à haut risque

traîner un commentaire sur sa page YouTube est pris pour cible. La pression monte, un conseiller de l'Élysée exige de parler à la candidate. TF1 et l'équipe de production de *The Voice* poussent Mennel à jeter l'éponge. Mal conseillée, elle part sans négocier d'indemnité le vendredi 9 février 2018. Dans un communiqué, la chaîne applaudit une « décision responsable ». « Elle n'a pas vraiment eu le choix en réalité », rétablit à mots couverts un membre de l'équipe de production, avant d'ajouter en soupirant : « C'est vraiment un gâchis, car nous sommes plusieurs à penser qu'elle aurait sans doute gagné sans cette polémique[1]. »

Trop tard. Du jour au lendemain, Mennel bascule dans un trou noir médiatique. Alors que la jeune candidate s'était hissée jusqu'en finale en remportant deux autres épreuves, ses prestations sont coupées au montage. Le contrat qu'elle devait signer avec un label d'Universal tombe à l'eau. Les tournées et les concerts prévus ? Annulés les uns après les autres. Ce mouvement de panique contamine certains de ses amis qui s'empressent de supprimer leurs photos communes. Pour l'aventure *The Voice*, Mennel avait abandonné ses études et un poste d'animatrice en école primaire. Son agenda s'éclaircit alors que son nom continue de s'afficher en grosses lettres dans les journaux et sur les plateaux de télévision où « l'affaire Mennel » déclenche des débats sur le voile et sur l'islam. Lorsque enfin le silence retombe sur ses épaules, sa vie n'est plus qu'un champ de ruines.

---

1. Entretien le 30 octobre 2019.

La haine en ligne

Mennel Ibtissem n'est pas la seule à être jugée sur la foi de vieux messages postés sur le web. Ce genre de tragédies est devenu tristement banal. Chaque semaine, un peu partout dans le monde, la vie d'individus chavire à cause des reliques compromettantes de leur vie sociale en ligne. Combien de personnes peuvent assumer sans rougir leurs écrits et maladresses adolescentes ? Une génération entière a fait ses premiers pas sur le web et vit sous la menace de voir ressurgir un passé qui ne s'effacera jamais.

« C'est comme si l'on m'avait sortie de ma chambre… »

Près d'un an après son départ de *The Voice*, nous retrouvons Mennel Ibtissem à Besançon où elle vit avec son père. Nous sommes le 5 juillet 2019, c'est le jour de l'annonce des résultats du baccalauréat, l'été est chaud, les passants ont le sourire. La jeune chanteuse nous attend dans un parc ombragé à quelques centaines de mètres de la gare. C'est dans cette ville chaleureuse protégée par d'imposants remparts qu'elle se reconstruit. Ici, les gens s'arrêtent dans la rue pour s'enquérir de nouvelles de sa famille, pas pour ressasser sa douloureuse éviction. « Je suis dans une phase de coma, confesse-t-elle d'emblée. J'ai souvent des phases de gros bad. Je ne sais plus ce qu'est ma vie. On m'a tellement coupé mon élan dès le début que continuer d'avancer est devenu un combat. » La vidéo de sa prestation à *The Voice* a battu des records sur YouTube et dépasse aujourd'hui les vingt-sept millions de vues mais Mennel est incapable de

Une vie sociale à haut risque

la regarder. Repenser à cela, c'est affronter de nouveau ses pires tourments. « Je n'y arrive pas, déplore-t-elle. J'avais l'impression de vivre un rêve. Tout était magique et beau, mais en l'espace de vingt-quatre heures, tout s'est effondré. Je n'ai pas pu savourer. Aujourd'hui quand je revois ces images, je ne vois plus que du chagrin et de la peine. C'est comme si une grosse tache noire s'était mise au-dessus et avait tout recouvert. »

Emportée par la polémique, Mennel a été accusée de faire « l'apologie du terrorisme ». Elle a tenté de se défendre, mais la foule n'a pas voulu l'entendre. Sur l'autel des lynchages en ligne, le contexte vole toujours en éclats. La hiérarchie chronologique, l'environnement, le second degré, les motivations, tout cela disparaît. Tout n'est lu qu'à charge et de façon littérale, il n'y a pas de place pour les circonstances atténuantes. « À la base, je viens de nulle part, je ne suis personne, lâche-t-elle en arpentant de petites ruelles[1]. Je suis juste une fille de Besac', pas une militante ! Avec ces messages Facebook, c'est comme si l'on m'avait sortie de ma chambre et qu'on analysait mes écrits en tant qu'islamologue ou femme politique. » La famille de Mennel est à Nice lorsque le terroriste Mohamed Lahouaiej Bouhlel fonce avec un camion sur la promenade des Anglais où la foule est agglutinée après le feu d'artifice du 14 juillet 2016. Sa tante tient une entreprise de pompes funèbres et son cousin est l'un des premiers à ramasser les corps ensanglantés des quatre-vingt-six personnes tuées. « Je me

---

1. Entretien le 5 juillet 2019.

rappelle que ma tante m'a appelée paniquée : "Il se passe quelque chose de grave." Mon cousin m'a dit que c'était un carnage. Quand j'ai posté ce message à mes amis sur Facebook, j'étais sous le choc. Je n'arrivais pas à comprendre comment ce drame horrible avait pu arriver. » Durant la polémique et en dépit des conseils de ses amis, elle lit avec effroi la centaine d'articles et les milliers de tweets postés à son sujet. « Les gens parlaient de moi comme d'un monstre, s'émeut-elle avec un débit rapide. J'ai l'impression que la Terre entière me jugeait sans savoir qui j'étais. Je suis une fille douce, altruiste, rigolote. Ça va, je me connais un petit peu quand même. C'était hyperdouloureux de lire cela. C'est comme si l'on niait ma sensibilité alors que je suis la première à pleurer quand quelque chose va mal ! »

Dans les médias, son image lui échappe. Des chroniqueurs télé vont jusqu'à lui reprocher d'avoir tenu des propos choquants dans sa reprise en arabe de *Hallelujah* alors qu'elle n'a fait qu'interpréter une version du poète koweïtien Mohamed Elhessiane[1]. Ballottée sur tous les plateaux de télévision, la chanteuse sert de prétexte à des débats sur le voile ou l'islam. « J'étais haïe, mais le plus dur c'était d'être reléguée au rang de symbole que l'on utilise pour parler de tout et n'importe quoi, soupire-t-elle. Il n'y a pas une chaîne de télévision qui n'a pas parlé de moi. On m'a comparée à Dieudonné et aux radicaux de tous

---

1. Robin Andraca, « *The Voice* : Mennel a t-elle chanté des "propos choquants en arabe", comme le dit un chroniqueur de *TPMP* ? », checknews.fr, le 23 février 2018.

bords. À la fin, je me suis même demandé si on n'allait pas m'accuser de la fonte des glaces en Alaska et du réchauffement climatique ! »

En mai 2018, elle tente un come-back médiatique avec un single (*Je pars mais je t'aime*) où elle expose la violence de ce qu'elle a traversé : « En pleine jeunesse, mon rêve chavire / Leurs voix s'élèvent comme une battue / Ignorent mes dires et mes désirs / Je suis l'Étrangère d'Albert Camus / Écrivent sur moi ce qu'il y a de pire / D'un jour à l'autre, l'air est tendu / Et mon silence n'a pu suffire / Je me retire, je n'en peux plus. » Mais chacun de ses passages télévisés tourne à l'inquisition médiatique et à l'exégèse de ses messages malheureux. Mennel n'est plus une artiste, c'est un objet de polémique. Qu'est-ce qui a bien pu motiver autant d'internautes à s'en prendre à cette chanteuse alors inconnue ? Et comment le web, ce formidable espace d'exploration et de liberté des débuts, a-t-il pu se transformer en terrifiante zone de flicage ?

Une génération de transparents

Telle Mennel Ibtissem, une génération entière s'est aventurée sur le web de manière indolente, sans filtre ni contrainte, avec l'émergence des réseaux sociaux et la généralisation de l'accès à Internet au milieu des années 2000. Tenant dans la paume d'une main grâce aux smartphones, le rapport aux nouvelles technologies et à l'écrit s'en est trouvé complètement bouleversé. Selon Médiamétrie, les Français passent

La haine en ligne

2 h 12 chaque jour sur Internet en moyenne et six Français sur dix se connectent tous les jours sur les réseaux sociaux (Facebook, Snapchat et Messenger en tête[1]). En 2019, 37,4 millions de Français sont des mobinautes quotidiens, c'est sept millions de plus qu'il y a deux ans. Cette relation à l'objet donne parfois l'illusion de pouvoir parler librement dans une antichambre privée et éphémère, alors qu'il s'agit plutôt d'un sanctuaire pavé d'épitaphes ineffaçables.

Pour les natifs du numérique, les vies IRL (pour « *in real life* », « dans la vraie vie ») se sont confondues avec leurs existences numériques, les sphères professionnelles avec les sphères personnelles. On rigole et on bavarde sur Facebook, Twitter ou Instagram avec la même insouciance et la même décontraction que si l'on était tranquillement attablé à la terrasse d'un café. Cette extension sans fin de l'espace conversationnel représente un tournant auquel beaucoup ne s'étaient pas véritablement préparés. La gratuité d'accès à ces plateformes étant conditionnée par l'octroi, souvent irréfléchi, de nos données personnelles.

La meilleure définition moderne de la vie privée a été donnée par deux avocats américains, Samuel Warren et Louis Brandeis, dans un article de la *Harvard Law Review* paru en 1890. Ils la résument par « le droit d'être laissé tranquille[2] ». Ce texte a été rédigé suite à l'apparition des appareils photo et en réaction au

---

1. Isabelle Lellouche Filliau, « L'année Internet 2019 », Médiameterie, le 20 février 2020.
2. Martin Untersinger, *Anonymat sur Internet. Protéger sa vie privée*, Eyrolles, 2014.

Une vie sociale à haut risque

fait que certains journalistes s'en servaient déjà pour prendre des clichés sans demander d'autorisation et alimenter leurs journaux en potins, comme de lointains ancêtres des réseaux sociaux. Le professeur émérite de droit public à l'université Columbia Alan Westin a précisé en 1967 cette définition. Selon lui, la vie privée est considérée comme la « capacité d'un individu à contrôler la collecte et l'utilisation de ses informations personnelles[1] ». Grignoté par les géants d'Internet, ce contrôle est-il encore possible ? Pour la grande anthropologue de la génération numérique danah boyd[2], « la vie privée n'est pas une technologie binaire que l'on peut allumer ou éteindre[3] ». Pour cette chercheuse qui a interrogé de nombreux jeunes sur leurs comportements numériques, elle doit renvoyer « au fait de pouvoir contrôler la situation, de pouvoir contrôler quelle information va où, et d'avoir la possibilité d'en réajuster le flux de manière appropriée lorsque l'information déborde ou va trop loin. Les gens se préoccupent de leur vie privée parce qu'ils ont peur d'en perdre le contrôle. »

Face à ces inquiétudes récurrentes, les pontes de la Silicon Valley ont beau jeu de dire qu'il faut se résigner à la fin de notre vie privée. Dès 1999, Scott McNealy, cofondateur de Sun Microsystems, lançait l'avertissement suivant : « De toute façon, vous n'avez aucune vie privée, acceptez-le une fois pour toutes. » Tandis que, dix ans plus tard, Eric Schmidt, alors

---

1. Alan Westin, *Privacy and Freedom*, Ig Publishing, 2015.
2. Elle ne souhaite pas que l'on écrive de majuscules à ses prénom et nom.
3. danah boyd, *C'est compliqué. Les vies numériques des adolescents*, C & F Éditions, 2016.

PDG de Google, prodiguait sans rire ce conseil : « Si vous faites quelque chose que vous voulez cacher à tout le monde, vous feriez sûrement mieux de commencer par vous en abstenir. »

« Notre vie est d'abord et avant tout publique », confirme Jean-Marc Manach[1], l'un des premiers journalistes français à avoir enquêté sur les questions de surveillance et de vie privée sur le web. Reprenant la fameuse citation d'Andy Warhol qui avait pronostiqué que « dans le futur, chacun aurait droit à quinze minutes de célébrité », ce spécialiste estime que le « quart d'heure risque fort de se prolonger indéfiniment, et le problème serait plutôt de savoir dans quelle mesure, il est, et sera encore possible à l'avenir, d'avoir son quart d'heure d'anonymat ! » Le quotidien de tous ceux qui sont nés après l'explosion d'Internet est désormais consultable en ligne et l'on perçoit tout juste les conséquences de ce changement de paradigme. Interrogé par le *Wall Street Journal* en 2010, Eric Schmidt prophétisait que chaque jeune aura un jour le droit de changer son nom à l'âge adulte, pour pouvoir tirer un trait sur ses frasques passées[2]. « Nos parents ont eu le privilège d'apprendre à devenir des individus bien équilibrés à l'abri des regards indiscrets, déplore la journaliste britannique Kemi Alemoru dans un article publié sur *Dazed*[3]. Nous sommes la première génération

---

1. Jean-Marc Manach, *La Vie privée. Un problème de vieux cons ?*, FYP Éditions, 2010, p. 40-41.
2. Holman W. Jenkins Jr., « Google and the Search for the Future », *The Wall Street Journal*, le 14 août 2010.
3. Kemi Alemoru, « We Lived Out Our Teens Online, Of Course We Said Stupid Shit », dazed.com, le 23 novembre 2017.

Une vie sociale à haut risque

à avoir vécu notre vie à voix haute et en ligne, chaque blague ou point de vue problématique a été archivé jusqu'à ce qu'il soit délibérément déterré ou supprimé. Je ne dis pas qu'Internet nous a rendus ignorants, mais il était là pour commémorer nos moments les plus stupides [...]. À l'époque, c'était un espace pour raconter n'importe quoi avec vos amis, la culture Internet n'était pas encore "woke" et malheureusement, plus vos messages étaient scandaleux, plus vous attiriez l'attention. » L'éditorialiste canadien Josh Freed en parle comme du plus grand conflit générationnel depuis des décennies, celui qui oppose la « génération parents », qui protège son intimité jusqu'à l'obsession, à la seconde, celle des « transparents » qui ont été radiographiés avant même d'être nés, puis filmés ou pris en photo par leurs parents pendant toute leur enfance[1]. Les réseaux sociaux leur ont donné l'illusion d'une vie privée possible à l'abri du regard inquisiteur des adultes.

Effondrement du contexte

Dominique Cardon fait partie des spécialistes d'Internet qui se sont rapidement aperçus des dangers de cette exposition sociale en ligne. Dans son essai *La Démocratie Internet. Promesses et limites*, publié en 2010, ce sociologue raconte comment l'élargissement de l'espace public a permis à des pans entiers de la société de s'exprimer, certaines personnes laissant filtrer beaucoup plus facilement ce qu'elles sont, font, et disent

---
1. Jean-Marc Manach, *La Vie privée, op. cit.*, p. 21-22.

dans leur vie quotidienne : « La publication sur le web a perdu sa proximité avec l'écrit, socialement sélectif, pour s'oraliser et devenir conversation[1]. » Dominique Cardon relève ainsi qu'une majorité d'internautes n'ont pas forcément conscience de la portée de leurs publications : « Certes, ils parlent en public. Mais à leurs yeux, ce public, sans avoir une frontière absolument étanche, est limité à une zone d'interconnaissance, un lieu plus ou moins clos, un territoire qui conservera les propos dans son périmètre avant de les laisser s'évaporer. » Le problème réside dans le fait que la séparation entre vie privée et vie publique est de plus en plus floue et difficile à paramétrer.

Facebook est un réseau public se voulant semi-privé, mais qui offre la promesse de ne s'exprimer que devant ses proches. Dans les faits, c'est une usine à gaz dont personne ne prend le temps de lire intégralement les conditions d'utilisation et qui ne permet que marginalement de contrôler ce que l'on y partage[2]. Sans le savoir, nous sommes tous devenus des personnalités publiques et chaque maladresse postée sur le web peut revenir un jour vers nous tel un boomerang. Cette nouvelle « communication privée en public » est comparable à une fête entre amis avec des fenêtres grandes ouvertes et des passants pouvant saisir des bribes de discussion. Or, s'inquiète Dominique Cardon, « les informations que les internautes laissent sur la Toile dans des niches conversationnelles peuvent ensuite être exploitées dans un autre contexte par l'adminis-

---

1. Dominique Cardon, *La Démocratie Internet*, *op. cit.*
2. Jean-Marc Manach, *La Vie privée*, *op. cit.*, p. 68-69.

Une vie sociale à haut risque

tration, leur employeur, ou une personne qui aurait à enquêter sur leur compte ».

Neuf ans après la sortie de son livre, nous le retrouvons dans un café près de la place de la Bastille. Dominique Cardon ne peut que constater que les lynchages générés par d'anciennes blagues ou propos exhumés « sont aujourd'hui quotidiens[1] ». À ses yeux, l'histoire de Mennel Ibtissem est symbolique d'un « effondrement du contexte » en vigueur sur le web. Dans la vie réelle, nous nous exprimons différemment en fonction de la personne à qui nous parlons et du lieu dans lequel se tient la conversation. Nous ne dialoguons pas de la même façon au cours d'une soirée entre amis que lors d'un entretien face à un recruteur. Il en va de même pour la socialisation en ligne. Lorsque Mennel écrit ses commentaires à brûle-pourpoint, elle est une étudiante méconnue et ne s'imagine à aucun moment endosser le poids d'une tribune publique face à une foule déchaînée. Ses avis postés de manière impulsive n'ont vocation à être parcourus que par une centaine de ses amis Facebook. Il se trouve que ce type de propos malheureux sont tristement banals au lendemain d'un attentat[2]. Exhumés des années plus tard, ils apparaissent comme une profession de foi complotiste. Les spécificités du contexte d'énonciation

---

1. Entretien le 29 octobre 2019.
2. Voir Adrien Sénécat et Syrine Attia, « Attentat de Berlin : les papiers d'identité des terroristes, machines à fantasmes », lemonde.fr, le 23 décembre 2016. Et l'enquête publiée par la Fondation Jean-Jaurès et Conspiracy Watch, qui révèle que 10 % des Français pensaient que l'attentat qui s'était produit au marché de Noël en décembre 2018 était un complot de l'État.

ont été détournées et rassemblent un public bien plus large que celui de son cercle initial de proches. « Ce type de déplacements des souvenirs est assez fréquent et génère beaucoup de controverses, remarque Dominique Cardon. Mennel a tenu ces propos dans un cadre vraiment spécifique. Et si ces messages ne pouvaient sans doute pas s'entendre, ils avaient toutes les raisons de se comprendre. Lorsque l'on désosse les informations de leur infrastructure contextuelle, cela devient problématique. » Contrairement à nos albums de photos de famille qui jaunissent et s'écornent avec les années, les contenus publiés sur Internet résistent à l'épreuve du temps. Rien ne ressemble plus à un tweet d'il y a dix ans qu'un tweet posté la veille[1]. Ils sont d'autant plus facilement manipulables. Pour appuyer sa démonstration, Dominique Cardon cite l'exemple des traditionnelles photos de fêtes alcoolisées postées sur Facebook ou Instagram après une cérémonie de remise de diplômes : « Tous vos amis connaissent le contexte et personne n'ira vous reprocher votre ébriété. Mais le recruteur qui tombe sur cette photo, dix ans plus tard, sans connaître les circonstances, aura peut-être un avis différent. » Le problème réside dans le comportement de ceux qui utilisent sciemment cette matière en la décorrélant du contexte. « Il est déjà arrivé que des festivaliers du Burning Man[2] se prennent en photo nus et que ces images soient

---

1. Lucas Bretonnier, « Facebook, Twitter, nouveaux tribunaux populaires », *Marianne*, le 25 octobre 2019, p. 14.

2. Depuis trente ans, des milliers de personnes se retrouvent chaque année, pendant une semaine dans le désert du Nevada pour y bâtir une ville éphémère.

Une vie sociale à haut risque

récupérées par des sites érotiques, relève-t-il ainsi. Quand on déplace ces photos d'un environnement festif à ces sites, on les transforme soudainement en matériel érotique. Le contexte fabrique la manière dont on lit et perçoit les choses. Lors des polémiques en ligne, on se focalise toujours sur la personne qui énonce, alors qu'il faudrait s'intéresser à celui qui pose dessus une interprétation différente. » Dans le cas de Mennel, des internautes avaient délibérément fouillé ses profils sur les réseaux sociaux afin de lui nuire.

Aux États-Unis, on parle de « police des archives » pour désigner cette tendance qu'ont certains internautes à explorer les comptes de personnalités publiques en tapant des mots clés afin de trouver des éléments compromettants. Nos correspondances en ligne sont devenues une mine d'or pour n'importe quel inquisiteur. « Qu'on me donne six lignes écrites de la main du plus honnête homme, j'y trouverai de quoi le faire pendre », aurait dit le cardinal de Richelieu. Qu'aurait-il envisagé si on lui avait fourni des dizaines de milliers de messages ? Ces munitions nourrissent la culture de l'annulation (*cancel culture*) que nous évoquions dans le chapitre précédent. En France, cette chasse aux vieux messages est tellement rodée qu'elle fait partie intégrante des stratégies des activistes en ligne, qu'ils soient de droite ou de gauche. Passer en revue les réseaux de quelqu'un est même devenu le moyen le plus facile de le détruire.

La haine en ligne

Une arme de déstabilisation

Revenons au mois de février 2018. Une fois que les captures d'écran du profil Facebook de Mennel commencent à circuler sur le web, il suffit de quelques minutes pour qu'elles soient reprises sur Fdesouche, le navire amiral de la fachosphère, habitué à faire feu de tout bois sur l'islam ou l'immigration[1]. Sur le « chat interne » du site, le fil de discussion regroupant une quinzaine d'animateurs, on décide de passer à l'action. « L'un d'entre nous a posté son nom et l'on s'est mis à chercher et partager toutes les infos polémiques, relate Damien Rieu[2]. À travers elle, c'est la complaisance des médias vis-à-vis de l'islam que l'on souhaitait dénoncer. » Devenu tour à tour collaborateur parlementaire et conseiller en communication de nombreux cadres du Rassemblement national dont Marion Maréchal-Le Pen, cette figure de la mouvance identitaire est passée maître dans l'art de faire des coups d'éclat médiatiques. Damien Rieu s'est notamment fait connaître par l'occupation du chantier d'une mosquée à Poitiers en 2012 ou bien encore par le blocage du col de l'Échelle (Hautes-Alpes), point de passage des migrants venus d'Italie, six ans plus tard. Avec Internet, ce trentenaire a compris que, sans sortir de sa chambre, il pouvait obtenir

---

1. Voir à ce propos Dominique Albertini et David Doucet, *La Fachosphère. Comment l'extrême droite remporte la bataille du net*, Flammarion, 2016, chapitre i, p. 21-58.
2. Entretien le 3 novembre 2019.

Une vie sociale à haut risque

une résonance médiatique comparable à celle que lui procurent ses actions sur le terrain. « À chaque fois que le système médiatique nous présente une figure de la diversité, on épluche tous ses comptes. On examine ses accointances, les messages qu'il a pu poster par le passé et on trouve souvent des choses. C'est une autre manière de militer et de faire passer nos idées. » Lorsque Mennel était sous le feu de la polémique, Damien Rieu a tweeté tous azimuts afin d'en amplifier l'écho. Deux jours avant d'obtenir le départ de Mennel, qu'il célébrera comme une « victoire », ce militant identitaire a même promis une « guerre sur Twitter » si TF1 ne « se réveill[ait] pas ». D'autres cadres du Front national lui ont emboîté le pas, tel Philippe Vardon, vice-président du groupe RN au conseil régional de Provence-Alpes-Côte d'Azur, qui publiera un communiqué pour exiger son exclusion, ou bien encore le conseiller spécial de Marine Le Pen, Jean Messiha, qui qualifiera la candidate d'« islamiste ».

Deux ans plus tard et malgré le récit de la traversée du désert vécu par Mennel qu'on lui donne à entendre, Damien Rieu reste droit dans ses tweets. « Je ne la connais pas, mais je considère les messages qu'elle a postés comme un faisceau d'indices. À mes yeux, rien que le fait de porter le voile est un acte politique, surtout en prime time à la télévision, c'est une manière de le banaliser, martèle-t-il. Les journalistes seront toujours plus complaisants avec Mennel qu'avec un candidat du Rassemblement national qui a le malheur d'avoir posté une mauvaise blague il y a dix ans ! » Cette volonté de délégitimer la parole médiatique en puisant dans les marécages des réseaux sociaux a été popularisée par l'extrême droite américaine. C'est pour mieux répliquer aux articles dénonçant les saillies racistes ou misogynes du président Donald Trump que l'alt-right[1] s'est mise à éplucher les comptes de centaines de journalistes du *New York Times* ou de CNN[2]. Résultat de cette pêche en eau trouble : la découverte d'une ribambelle de contenus compromettants pour la plupart écrits il y a des années, lorsque ces reporters progressistes étaient encore étudiants. Une aubaine pour le site d'extrême droite Breitbart qui s'est empressé de les relayer dans une série d'articles. Le message : avant de blâmer Trump, balayez un peu devant chez vous. On pourrait juger la polémique futile, si elle n'avait pas réussi à déstabiliser une institution aussi puissante que le *New York Times*. Le rédacteur en chef de son service politique, Tom Wright-Piersanti, a présenté ses plates excuses après qu'une série de messages racistes ou antisémites signés de sa main ont été exhumés[3]. Sur Twitter, le fils du président, Donald Trump Jr, avait alors beau jeu de s'interroger : « Dans quel monde vivent ces hypocrites du *New York Times* ? »

Les militants qui se livrent à ce petit jeu sont-ils réellement convaincus que deux ou trois messages

---

1. La nouvelle extrême droite américaine, jeune et très active sur les réseaux sociaux.

2. Justine Brabant, « Médias "anti-Trump" : l'extrême droite exhume des vieux tweets haineux de journalistes », *Arrêt sur images*, le 27 août 2019.

3. Matthew Boyle, « "Crappy Jew Year": *New York Times* Editor's Antisemitism, Racism Exposed », breitbart.com, le 22 août 2019.

Une vie sociale à haut risque

piochés ici et là suffisent à résumer l'entièreté d'un être ? « Non, bien sûr », avoue Damien Rieu, qui reconnaît l'hypocrisie de cette technique. « On aura forcément un jour un président de la République qui va être élu et qui sera par la suite déstabilisé par une photo compromettante ou un ancien blog pourri, concède-t-il. Personne n'est assez mature pour ne pas poster des conneries lorsqu'il est ado et comme tout est perpétuellement enregistré, on pourra toujours les retrouver. La société va s'habituer à ces polémiques. Ce qui est un choc aujourd'hui ne le sera sans doute plus demain. Je ne connais personne qui n'a pas déconné sur Internet. »

« On a tendance à oublier qu'il y a de vraies gens derrière les avatars »

En France, la fachosphère n'a pas le monopole de la méthode. Le « Printemps républicain », un mouvement issu de la gauche fondé après les attentats de 2015, intransigeant sur les questions de laïcité, s'est fait une spécialité de partir à la recherche de vieilles correspondances numériques. Dans leur galerie de « trophées » trône « l'affaire Mehdi Meklat[1] ». Ancien chroniqueur du Bondy Blog (site créé en 2005 lors des émeutes dans les banlieues) et de France Inter, Mehdi Meklat a été, en France, le patient zéro de ce nouveau cocktail

---

1. Zineb Dryef, « Laurent Bouvet, le gladiateur de la laïcité », lemonde.fr, le 16 février 2018.

servi en ligne, combinant pêche aux vieux messages et déchaînement médiatique. Pour ce jeune homme érigé par les médias en porte-parole des banlieues, la Terre s'est écroulée le jeudi 16 février 2017. Le jeune écrivain est alors invité sur le plateau de l'émission *La Grande Librairie* sur France 5 pour faire la promotion avec son compère Badroudine Saïd Abdallah, dit « Badrou », de leur second livre, *Minute*. Alors qu'il vit sa consécration littéraire, deux utilisatrices de Twitter, sympathisantes du Printemps républicain, se mettent à fouiller son compte Twitter en tapant des mots clés (« juif », « femmes », « blanc »). Sur les cinquante mille tweets qu'il a postés sous le pseudonyme de « Marcelin Deschamps », ces deux chineuses débusquent une vingtaine de propos racistes, négrophobes, antisémites, islamophobes, homophobes ou misogynes. Extraits : « Faites entrer Hitler pour tuer les juifs » ; « Ben Laden me manque » ; « Les Blancs, vous devez mourir asap » ; « Je crache des glaires sur la sale gueule de Charb et tous ceux de *Charlie Hebdo* » ; « Vive les PD ! Vive le Sida avec Hollande ». D'autres personnalités du Printemps républicain très suivies sur les réseaux sociaux tels que Laurent Bouvet ou Gilles Clavreul les mettent en lumière. Le dessinateur Joann Sfar ou la chanteuse Keren Ann s'en émeuvent et les réseaux sociaux s'embrasent dans les jours qui suivent. Le samedi 18 février 2017, lorsqu'il se réveille dans l'appartement de Montmartre qu'il partage avec son compère Badrou, Mehdi Meklat voit s'afficher des centaines de messages sur son portable et des

Une vie sociale à haut risque

dizaines d'appels manqués¹. Chouchou des médias dont il trustait les unes, le jeune écrivain devient instantanément radioactif. Ceux qui l'avaient porté au pinacle se mettent à le conspuer. Le présentateur de *La Grande Librairie*, François Busnel, condamne ses propos haineux. Sa maison d'édition le lâche et la plupart des journaux qui jusqu'alors le soutenaient lui réclament des explications. *Le Monde* consacre un éditorial entier à ce « Janus à deux visages » (*sic*) qui était la « coqueluche des médias parisiens le jour et la voix de la haine des exclus la nuit². »

Deux ans plus tard et après avoir trouvé un temps refuge chez un ami à Tokyo, Mehdi Meklat fait publier un livre où il « implore pardon³ ». Il justifie les excès de son avatar virtuel en racontant qu'il s'était lancé dans une course folle aux followers : pour exister, il s'agissait d'être toujours plus transgressif et provocateur. Dans ce plaidoyer en faveur d'un droit à l'oubli sur le net, Meklat ne peut s'empêcher de s'interroger sur les origines de sa chute. « Pourquoi en cette journée qui m'apparaissait déjà comme un orage, une dizaine de mes tweets ont-ils ressurgi sur Twitter se demande-t-il ? Je ne les avais certes jamais effacés parce que je n'aurais jamais cru que les choses iraient aussi loin, je n'aurais jamais cru que mes tweets, déjà connus de nombreux journalistes [...], pourraient déclencher une telle hystérie, un monde

---

1. Selon Visibrain, plus de 71 000 messages seront postés sur Twitter au sujet de cette affaire du 17 au 27 février 2017.
2. « L'affaire Mehdi Meklat, révélatrice de deux sociétés qui ne se rencontrent pas », lemonde.fr, le 22 février 2017.
3. Mehdi Meklat, *Autopsie*, Grasset, 2018, p. 110-111.

enflammé, des commentaires à l'emporte-pièce sur toutes les chaînes de télé, des radios en boucle, alors qu'au même moment, François Fillon était sommé de rendre l'argent, et que la campagne présidentielle prenait un tour particulier, l'extrême droite semblait s'approcher de nous comme un monstre, et malgré tout cela, mon nom faisait la une. »

La question mérite d'être posée. Pourquoi en pleine présidentielle, une vingtaine de tweets fielleux d'un écrivain a-t-elle accaparé la une durant une semaine ? Pourquoi ces propos, qui étaient connus de certains journalistes[1], n'ont-ils pas été condamnés sur le moment ? Pour quelles raisons ressortaient-ils alors ? Comme souvent, l'ampleur du scandale médiatique a été dictée par les milliers de messages charriés par les réseaux sociaux. Durant des jours, « l'affaire Mehdi Meklat » est le premier sujet de discussion en ligne. Pendant la tempête, l'écrivaine Virginie Despentes lui envoie un message de soutien et l'encourage à tenir bon. Aujourd'hui, elle juge ce déchaînement totalement irrationnel. « Évidemment, qu'il a déconné avec son double sur Twitter, et il méritait de se faire exploser quand c'est sorti, mais je n'ai jamais rencontré personne qui m'ait dit avoir pleuré tellement ses tweets étaient méchants, nous écrit l'autrice de *Vernon Subutex* de son appartement parisien situé près du parc des Buttes-Chaumont[2]. Et je crois que c'est parce que ça se fondait dans la masse de merde infâme

---

1. Marie-France Etchegoin, « Mehdi et Badrou du Bondy Blog : "Le grand remplacement, c'est nous" », lemonde.fr, le 30 septembre 2016.
2. Échanges par mail, le 12 mai 2020.

Une vie sociale à haut risque

qu'est devenu cet espace virtuel. Vu l'ambiance générale de haine et de saleté sur les réseaux sociaux, ses conneries passaient quasiment inaperçues. Personne ne se demandait qui se cachait derrière ce pseudonyme parce que des gens de son âge qui prennent un pseudonyme pour débiter des conneries sur Twitter, il y en a littéralement des centaines et des centaines de milliers. Entre la faute commise et la punition médiatique, j'ai trouvé qu'il y avait disproportion. On avait l'impression qu'il avait volé un milliard dans les caisses de l'État, faut pas exagérer [...]. Comme il représente le jeune de quartier qui a réussi à se faufiler "parmi nous" l'acharnement s'est prolongé. Je pense que s'il avait fait l'École alsacienne, il aurait été beaucoup plus soutenu, et tout le monde aurait été d'accord pour parler d'erreur de jeunesse, invoquer la complexité et la violence des réseaux sociaux sur de jeunes esprits et passer l'éponge ».

Mehdi Meklat avait, certes, fait la une de grands magazines, mais il n'avait encore remporté aucune récompense littéraire dont on aurait pu le dépouiller. Il n'occupait pas non plus un poste de pouvoir dont la foule aurait pu réclamer qu'il le quitte. Pourquoi tant d'internautes s'étaient-ils donc senti le besoin de hurler leur indignation contre cet ex-chroniqueur de France Inter ? Pour le saisir, il fallait s'entretenir avec ceux qui avaient alimenté la controverse, des jours durant, alors que le feu couvait encore sous la braise. Jérôme-Olivier Delb est l'un d'entre eux. Considéré comme l'un des membres les plus actifs du Printemps républicain, qu'il a cofondé, ce twittos compulsif avait dégoupillé plusieurs dizaines de messages contre Meklat, entraînant dans son sillage une cohorte d'internautes révulsés.

Si Delb n'est pas quelqu'un que l'on reconnaît dans la rue, c'est une personnalité influente sur la Toile. Architecte de profession, ce quadragénaire a fondé sa propre agence dans le Xe arrondissement de Paris. Ancien militant du Parti socialiste où il a baroudé aux côtés de Benoît Hamon ou encore Arnaud Montebourg, Jérôme-Olivier Delb s'est fait un nom en ligne avec un blog, L'Abeille et l'Architecte[1], conciliant ses passions pour l'architecture et la politique. Sur ce site, il remettait notamment des Parpaings d'or, récompense caustique visant à se moquer gentiment du petit milieu de l'architecture française. Aujourd'hui, à chaque polémique qui embrase les réseaux sociaux, ce militant du Printemps républicain charge sabre au clair. Sur Twitter, son avatar, qui le représente l'air grave avec une fine barbe et des lunettes circulaires, tel Léon Trotsky, est connu et redouté. Cramponné à son téléphone, il n'a de cesse de cogner sur toutes les personnes qui à ses yeux fragilisent la laïcité ou paraissent trop tolérantes à l'égard de ceux qui la bafouent. La citation de Clemenceau inscrite sur son profil résume son goût pour la castagne et le trolling : « Ne craignez jamais de vous faire des ennemis ; si vous n'en avez pas, c'est que vous n'avez rien fait. » « Quand on est une petite association comme le Printemps républicain avec peu de moyens et de structures, militer en ligne est indispensable », justifie l'intéressé.

---

1. https://labeilleetlarchitecte.wordpress.com/

Une vie sociale à haut risque

Le 29 octobre 2019, il nous rejoint dans un restaurant sarde du XIe arrondissement de Paris. En face de nous, on s'attendait à découvrir un pitbull colérique. On se retrouve au contraire face à un homme drôle et pondéré. Derrière un large sweat à capuche, des cheveux hirsutes et une épaisse barbe lui donnant des airs de skateur californien, Jérôme-Olivier Delb livre une analyse lucide de ses escarmouches en ligne. Il reconnaît volontiers que derrière les attaques *ad hominem* contre le jeune Meklat, ce sont plutôt ses soutiens qui étaient visés. C'est une constante, les lynchés le sont rarement pour ce qu'ils sont, mais pour ce qu'ils incarnent dans l'inconscient populaire. On lapide en ligne pour la représentation fantasmée que l'on se fait de la personne. Et c'est le statut, l'employeur, les valeurs, voire les soutiens politiques de la personne vouée aux gémonies, qui permettent une large coalition des *haters*. « Je pense que Meklat est une caricature de ce que la gauche au nom de la diversité est prête à accepter et à tolérer, proteste Delb. Je trouve qu'il y a une trop grande permissivité au sein de la gauche médiatique au nom de la promotion de la diversité. Mais notre but ce n'était pas de taper sur Meklat en tant que tel, mais de cibler ceux qui ont permis son ascension. »

Quand on lui fait remarquer que c'est pourtant sur ce jeune chroniqueur que s'est abattue la foudre (et avec elle les centaines de messages d'insultes, de menaces de mort puis la diffusion de son adresse) et non sur ses soutiens, Jérôme-Olivier Delb acquiesce. « Je suis d'accord qu'il y a des personnes qui peuvent souffrir de ce genre d'opération. Aujourd'hui, j'essaie de m'abstenir de plus en plus de participer aux lynchages individuels, car pour l'avoir connu, je sais que ça peut être très dur à vivre. Sur Twitter, on a tendance à oublier qu'il y a de vraies gens derrière les avatars. »

Jérôme-Olivier Delb bat sa coulpe lorsque l'histoire de Mennel Ibtissem revient dans la conversation. Comme d'autres militants du Printemps républicain, l'architecte avait participé à la mise au pilori de la chanteuse. Aujourd'hui, il regrette d'y avoir pris part. « Je pense qu'elle ne méritait pas un tel lynchage, concède-t-il. C'est vraiment un dommage collatéral. Elle a payé un prix bien trop élevé, car elle s'exprimait à titre privé. Mais je maintiens que lorsque l'on est porteur d'une parole publique, comme lorsque l'on est enseignant, homme politique ou même journaliste, on doit pouvoir assumer tout ce que l'on a un jour écrit. »

Si Delb a autant de recul sur la course aux publications embarrassantes, c'est peut-être parce qu'il en a été lui-même victime. Traquant ses milliers de messages sur Twitter et Facebook postés en une décennie, un blog a réussi à le réduire à un personnage « beauf, raciste et sexiste[1]. » L'article figure aujourd'hui en troisième position de ses résultats Google, juste avant son profil sur le réseau professionnel LinkedIn. « Récemment, j'étais bien placé pour participer à une

---

1. « Jérôme-Olivier Delb : beauferies, racisme, sexisme et fake news dans le pur style du "Printemps républicain" », cinquiemecolonne.canalblog.com, le 20 mai 2018.

émission télévisée et j'ai été recalé. Je suis persuadé que ça a joué. » Avant d'ajouter, lucide : « L'époque où l'on pouvait faire des blagues et troller sur Internet est terminée. La légèreté et l'humour sont devenus beaucoup plus compliqués de nos jours. »

*Le moyen le plus rapide
pour se débarrasser d'un salarié*

Les militants politiques ne sont pas les seuls à avoir compris l'intérêt d'exploiter les vestiges de nos vies sociales en ligne. Dans le monde de l'entreprise, le procédé est utilisé pour exfiltrer promptement des salariés. D'après une étude de 2019 menée par McAfee[1], 7 % des Français auraient déjà été licenciés à cause des réseaux sociaux. Si l'étude n'est pas claire quant aux raisons précises de ces évictions, deux tiers des Français avouent être gênés aux entournures par les contenus qu'ils ont publiés un jour sur le web. Et certaines directions des ressources humaines n'ont aucun scrupule à les exploiter. Si la pratique est courante, elle est aussi complètement taboue. Seule une personne a accepté de nous en parler à visage découvert : Didier Bille. En vingt-cinq ans de carrière, cet ancien DRH a licencié plus de mille salariés au sein de grandes entreprises dont une dizaine de multinationales appartenant au secteur de l'industrie

---

1. Bernard Steiner, « 7 % des Français ont déjà été licenciés à cause de leurs contenus sur les réseaux sociaux », konbini.fr, le 11 septembre 2019.

La haine en ligne

automobile, pharmaceutique ou bien encore de l'électronique. En 2018, ce repenti a dénoncé dans un livre les techniques froides et cyniques du licenciement abusif[1].

Didier Bille nous a donné rendez-vous dans le hall d'un luxueux hôtel du XVIe arrondissement non loin de la tour Eiffel. Courte barbe sur un visage rond, voix monocorde et lunettes à grosses montures carrées, Bille possède le flegme de ceux qui ont été coupeurs de têtes. Sur l'avant-bras, sa chemise retroussée laisse entrevoir un personnage double-face : monstrueux d'un côté et clownesque de l'autre. « Je me suis fait tatouer après avoir quitté le monde des ressources humaines, prévient-il. Durant longtemps, je n'ai pu montrer qu'une facette de ma personnalité. » Dans les couloirs des entreprises qu'il a connues, il était surnommé « le Boucher » ou « Dark Vador ». Didier Bille a connu les techniques les plus cyniques du licenciement abusif, dont l'espionnage sur les réseaux sociaux. « Au cours de ma carrière, j'ai vu plusieurs responsables de service informatique me dire que le détail de la navigation Internet du personnel était à ma disposition si j'en avais besoin, révèle-t-il. Les salariés l'oublient, mais tout ce qu'ils font avec le matériel informatique de l'entreprise peut être retracé. Ça prend du temps, mais vous pouvez remonter cinq ans en arrière et reconstituer à la minute près l'historique de quelqu'un dont vous souhaitez vous débarrasser. »

Didier Bille se souvient notamment d'une discussion lunaire intervenue en 2012 lors d'un sommet

---

1. Didier Bille, *DRH. La machine à broyer*, cherche midi, 2018.

réunissant les différentes directions des ressources humaines de l'industrie pharmaceutique. Au cours de ces échanges de bonne pratique, une directrice l'interpelle : « Mais pourquoi tu ne surveilles pas tes salariés, Didier ? » Avec force détails, cette directrice d'une *big pharma* l'informe qu'elle dispose d'un assistant dont le travail consiste essentiellement à fouiller les profils des salariés sur les réseaux sociaux. « Elle m'a tranquillement indiqué que le boulot de cet assistant était de se créer de faux profils sur Facebook, LinkedIn, Twitter et Instagram pour surveiller l'activité des salariés, énonce Bille. À ses yeux, ça faisait partie du rôle stratégique des RH de vérifier la productivité. L'objectif, c'est d'obtenir des renseignements, ensuite vous en faites ce que vous voulez. Mais si vous souhaitez monter un dossier de licenciement contre quelqu'un, ça peut se révéler utile. Les réseaux sociaux sont une mine d'or pour trouver des motifs ou des pseudo-raisons pour se séparer de quelqu'un, surtout que la jurisprudence en la matière n'est pas encore très clairement établie. » Pour cet ancien *cost killer*, ceux qui se livrent à ce genre de procédé, affirment toujours le faire au nom du sacro-saint intérêt de l'entreprise : « Quand vous leur en parlez, ils n'avouent jamais qu'ils fliquent les gens. Ils vont vous répondre diplomatiquement que l'image de l'entreprise fait partie de son capital, qu'elle peut s'altérer très vite et qu'il convient donc d'avoir une veille sur tout ce qui peut l'impacter, sur les réseaux sociaux ou dans la presse. » Didier Bille se souvient que des listes noires de salariés à éviter étaient même régulièrement partagées lors de ces réunions. « Vous n'avez plus le droit à l'erreur car sinon vous serez marqué professionnellement. Le problème, c'est qu'un faux pas peut arriver très vite. Une mauvaise blague en ligne, une photo de vous bourré, les exemples sont nombreux. Une fois que vous êtes licencié, le bouche-à-oreille fonctionne à plein régime et la mort professionnelle équivaut alors à une mort sociale. »

Pompiers du net

« Encore un qui aurait dû faire appel à ProPR ! » À chaque polémique consécutive à de vieux messages exhumés, des internautes s'amusent à reprendre comme un gimmick ce percutant slogan publicitaire. ProPR Consulting (prononcez « propre ») est le nom d'une start-up qui s'est taillé une petite réputation dans le nettoyage sur les réseaux sociaux. Deux ingénieurs et un juriste fraîchement diplômés, vingt-trois ans chacun, en sont à l'origine. Pour parler de leur activité, ces pompiers du net nous ont donné rendez-vous dans le campus de leur ancienne école située à Villejuif, au bout de la ligne 7 du métro parisien. Sur une table de la cafétéria alors que les étudiants vont et viennent, Malik Amghar sort son ordinateur et commence à en raconter l'histoire. Assis à sa droite, Nicolas Baudouin, qui a assuré la partie juridique du projet.

Tout a débuté à l'été 2018. À l'époque, le cinéaste James Gunn est débarqué *manu militari* de Disney après la découverte de vieux tweets outranciers sur la pédophilie et le viol, écrits une décennie auparavant.

Une vie sociale à haut risque

Le réalisateur qui avait rapporté plus d'un milliard de dollars à la compagnie avec sa franchise des *Gardiens de la Galaxie* se fait virer séance tenante alors que le prochain volet de son film est déjà écrit et programmé[1]. « Il a eu beau s'excuser et effacer ses tweets, c'était trop tard car tout le monde avait fait des captures d'écran, commente Malik Amghar. Je me suis rendu compte que c'est en amont qu'il fallait agir. » Avec un camarade de promo ingénieur et un ami juriste, le jeune homme réfléchit alors à une solution pour empêcher ces lynchages, et éviter qu'un vieux message ne vienne un jour ruiner une carrière.

Ensemble, ils mettent au point une solution dotée d'intelligence artificielle qui va détecter et supprimer le contenu problématique des profils sur les réseaux sociaux. Fondée sur une technologie de *machine learning*[2] entraînée sur plus de trois millions de tweets, ce logiciel est ainsi capable de scanner l'ensemble des messages d'un compte et de les trier en fonction de trois degrés de gravité : les « propres » qui seront conservés, les « dangereux » automatiquement supprimés et enfin les « risqués » qui font l'objet d'une étude au cas par cas. « Nos services sont à destination des étudiants qui souhaitent trouver un stage ou un premier emploi et qui doivent assumer leurs dix à quinze années de présence sur Internet, explique Malik Amghar. C'est une quantité tellement massive d'informations à trier qu'il est impossible de le faire

---

[1]. Bret Easton Ellis, *White*, *op. cit.*, p. 284-285.
[2]. Procédé par lequel un logiciel « auto-apprend » un algorithme à partir de données qu'on lui soumet.

manuellement et tout supprimer n'est pas une solution non plus, car ça paraît toujours suspect. »

Selon un sondage de Yougov, près d'un employeur sur cinq (19 %) a refusé un candidat en raison de son activité en ligne[1]. Parmi les critères disqualifiants : l'utilisation d'un langage agressif, la consommation de drogue, les photos de beuverie, les messages politiques, les problèmes de syntaxe ou d'orthographe ou bien encore l'abus de selfies. La ligne rouge pour ne pas se griller est compliquée à cerner. « On a essayé de se rapprocher le plus possible du premier degré, concède tout juste Malik Amghar. On part du principe que dans dix ans, la personne qui découvrira l'un de vos messages ne se posera pas la question de savoir si vous avez souhaité faire une blague ou non, elle les lira de manière littérale et cela peut vous être préjudiciable. » C'est la conclusion tirée par la journaliste Abby Ohlheiser du *Washington Post*. « À un moment, Internet était drôle. Il faut tourner cette page », écrivait-elle ainsi, avant d'inciter ses lecteurs à supprimer leurs vieux messages en estimant qu'« un tweet est trop facile à sortir de son contexte – et il n'y a aucune raison de tenir une comptabilité complète de tout ce que vous avez déjà tweeté[2]. »

---

[1]. Matthew Smith, « Disgracebook: One in Five Employers Have Turned Down A Candidate Because Of Social Media », yougov.co.uk, le 20 avril 2017.

[2]. Abby Ohlheiser, « There's No Good Reason To Keep Old Tweets Online. Here's How To Delete Them », *The Washington Post*, le 30 juillet 2018.

Une vie sociale à haut risque

Un moyen de flicage

Le 5 juillet 1993, le dessinateur Peter Steiner fait paraître un dessin dans le *New Yorker* qui fait date dans l'histoire d'Internet. On y voit un chien tranquillement assis devant un ordinateur se tourner vers un cabot présent à ses côtés et lui dire avec un sourire en coin : « *On the Internet, nobody knows you're a dog* » (« Sur Internet, personne ne sait que tu es un chien »). Vingt-six ans plus tard, cette utopie sur l'anonymat du web est en ruine. « Chaque usager sait que ses traces en ligne font l'objet d'une exploitation opaque et tentaculaire. Sur Internet, non seulement tout le monde sait que tu es un chien, mais tes données ont déjà été vendues au marchand de croquettes », commente ainsi André Gunthert[1], maître de conférences en histoire visuelle à l'EHESS.

Le monde professionnel exploite déjà sans vergogne ces métadonnées. De nombreux cabinets de recrutement ont ainsi recours à des logiciels de *people searching* comme pipl.com ou beenverified.com[2]. « Avec un nom, un prénom ou une adresse mail, tu peux trouver une tonne d'informations sur quelqu'un, assure Nicolas Baudouin. Tu peux connaître ses amis, son réseau, la religion qu'il pratique, ses hobbies, et même savoir s'il a des problèmes de santé ou s'il est inscrit sur des sites de rencontres. » Aux États-Unis

---

1. André Gunthert, « Sur internet, tout le monde sait que tu es un chien », imagesociale.fr, le 8 juillet 2018.
2. Le coût oscille entre deux cents et trois cents dollars par mois.

où les demandes de visa passent depuis juin 2019 par un contrôle étroit des réseaux sociaux[1], le *fact-checking* des futurs recrutés est devenu un florissant *business model*[2]. Des entreprises proposent de filtrer tous les candidats ayant des profils compromettants. On appelle ça des *screening companies*.

« C'est comme embaucher un détective privé qui suivrait le candidat dans la rue pendant une semaine pour voir ce qu'il fait, déplore Nicolas Baudouin. Cette méthodologie commence à être de plus en plus utilisée en France et il est peu probable que les candidats sachent qu'ils ont été exclus d'un processus de recrutement en raison de leur profil en ligne. Comme c'est illégal, aucune entreprise ne s'en vante. » Avant de se séparer, on finit par leur demander le conseil qu'ils donneraient à quelqu'un qui débute sur les réseaux sociaux. « Il faut bien comprendre que tout ce que l'on poste est public, rien n'est privé, mais on peut encore dire énormément de choses, professe Malik. Il faut simplement rester mesuré. Les réseaux sociaux ont longtemps été vus comme une promesse de liberté mais aujourd'hui c'est aussi un moyen de contrôle et de flicage, donc il faut être très vigilant. » Cette société où chacun surveille l'autre et se sait surveillé n'est pas sans rappeler le « panoptique » imaginé en 1791 par le philosophe

---

1. La demande d'un visa passe par le renoncement à l'anonymat en ligne puisque les autorités américaines exigent de connaître les noms de vos comptes sur les réseaux sociaux fréquentés lors des cinq dernières années.
2. Sophie Wilkinson, « This Is How Employers Screen Your Old Social Media Posts », vice.com, le 20 juin 2019.

anglais Jeremy Bentham. Conçue comme une alternative au bagne, cette prison circulaire permettait au gardien d'avoir une vue panoramique sur toutes les cellules des prisonniers. Se sachant observés, les détenus sont obligés de se comporter de manière exemplaire. Dans *Surveiller et punir*, paru en 1975, Michel Foucault y voyait déjà les prémices des sociétés modernes de contrôle « où il n'y a plus besoin d'armes, de violences physiques, de contraintes matérielles. Mais un regard qui surveille et que chacun, en le sentant peser sur lui, finira par intérioriser au point de s'observer lui-même : chacun, ainsi, exercera cette surveillance sur et contre lui-même[1]. » Qu'aurait-il pensé de cette société où chacun de nos pas est géolocalisé, nos clics monétisés et où l'administration fiscale pratique une surveillance de masse pour traquer la fraude[2] ?

« Chacun a le droit d'avoir une part de sa vie qui n'est pas publique, veut toutefois croire le juriste de ProPR, Nicolas Baudouin. Avant de poster des informations personnelles sur votre santé, vos vacances ou encore vos opinions politiques, il faut simplement vous demander si vous seriez prêt à les crier dans la rue, car sur le web, ça revient au même. » Si la perte de contrôle de ses données personnelles est consubstantielle à l'exposition de soi sur les réseaux sociaux, il demeure très difficile de calculer les effets

---

1. Michel Foucault, *Surveiller et punir*, Gallimard, 1975, p. 228-264.
2. En novembre 2019, l'Assemblée nationale a validé le principe de la collecte massive de données sur les réseaux sociaux afin de débusquer de potentiels fraudeurs.

de cette mise à nu[1]. « On essaie d'aider les gens à se constituer une carapace numérique, mais on ne peut agir qu'en amont, prévient encore Nicolas Baudouin. Il faut bien comprendre que lorsqu'un contenu est viral, il ne disparaîtra jamais. » Rien, rien de rien ne peut s'oublier. Et pour cause, les humiliations en ligne sont gravées au fer rouge comme au temps de la Grèce antique. Le sceau de l'infamie est sans cesse rappelé par Google pour ceux qui en sont frappés.

---

1. Alain Rallet et Fabrice Rochelandet, « Exposition de soi et décloisonnement des espaces privés », *Terminal*, n° 105, 2010, mis en ligne le 25 mai 2018.

3.

Une honte contagieuse

Quand une vidéo dépasse les vingt millions de vues dans un pays qui recense soixante millions d'habitants, on peut légitimement parler d'humiliation. C'est le sentiment qui a envahi Julie Graziani à la fin de l'année 2019. Ce lundi 4 novembre, sur le coup des 19 heures, celle qui est alors éditorialiste à *L'Incorrect*, un magazine classé à la droite de la droite, ferraille contre d'autres chroniqueurs dans l'émission *24H Pujadas* sur LCI. Les minutes défilent, les échanges sont calmes et convenus, jusqu'à la diffusion d'images montrant Emmanuel Macron interpellé par deux mères de famille lors d'un déplacement à Rouen. Sur le plateau, Julie Graziani se lance alors dans un commentaire qui va sidérer son auditoire. « La première te dit, j'ai deux enfants, je suis seule, je suis au Smic. Et je comprends très bien qu'elle s'en sorte pas. C'est sûr qu'elle s'en sort pas à ce moment-là, s'époumone-t-elle avec de grands mouvements de main. Mais à un moment donné je ne connais pas son parcours de vie à cette dame mais qu'est-ce qu'elle a fait pour se retrouver au Smic ?

La haine en ligne

Est-ce qu'elle a bien travaillé à l'école ? Est-ce qu'elle a suivi des études ? Et puis si on est au Smic, il ne faut peut-être pas divorcer non plus dans ces cas-là... Si on se rajoute des difficultés sur des difficultés et des boulets sur des boulets, on se retrouve dans des problèmes. » En face d'elle, la députée européenne de gauche Aurore Lalucq affiche une moue consternée. Sur les réseaux sociaux, quelques internautes pointent aussitôt des « propos inadmissibles » mais il faut attendre 1 heure du matin pour que la polémique s'embrase. Habitué à débusquer les « dérapages, mensonges, manipulations qui seraient passés inaperçus sur les chaînes d'infos en continu », le compte Twitter @BalanceTonMedia récupère puis diffuse l'extrait controversé. « J'ai posté la vidéo et après j'ai été me coucher, raconte le trentenaire aux manettes de ce profil suivi par plus d'une dizaine de milliers d'abonnés[1]. Je savais que ça allait buzzer. Pour tous les gens qui n'ont pas eu la chance de faire des études, c'est hyper-violent. À mon réveil, le mot "Smic" était dans les *trendings topics*[2]. » Sur Internet, une courte vidéo vaut mieux qu'un long discours[3]. Si deux cent quarante mille téléspectateurs seulement étaient devant leur écran de télévision ce soir-là, la séquence partagée et dupliquée finit par dépasser les vingt millions de vues les jours suivants sur Internet. Avec ses longs cheveux de jais,

---

1. Entretien le 7 février 2020.
2. Sujets les plus discutés sur Twitter.
3. Selon le rapport annuel de Médiamétrie de 2019, la vidéo est l'une des activités les plus prisées sur la Toile. Quatre Français sur dix en regardent quotidiennement.

Une honte contagieuse

son blazer de femme d'affaires, la polémiste passe pour une bourgeoise méprisant les classes populaires. « En tenant ce type de propos en pleine crise des Gilets jaunes, elle est devenue le symbole honni de la classe politique et médiatique, regrette Romain Goupil – ancien militant trotskiste converti au macronisme –, qui est également chroniqueur dans l'émission. C'est malheureux car elle n'est pas coutumière de ce genre de sorties radicales, on tombait même souvent d'accord ensemble[1]. »

Plus de quatre-vingt-dix mille tweets sont postés à son sujet en moins d'une semaine[2]. Julie Graziani s'arc-boute avant de présenter platement ses excuses sur Twitter. Cela ne suffit pas à contenir le raz-de-marée. Elle est l'objet d'une profusion de photomontages. Les célèbres couvertures d'album *Martine* sont détournées. On y voit la fameuse petite fille appliquée sur un devoir de classe et coiffée du titre : « Martine travaille bien pour pouvoir divorcer ». Sa page Wikipédia est recouverte d'insultes sexistes, avilissantes et xénophobes. « Balancer tous des dizaines de milliers d'insultes sur une femme, sans la lâcher même quand elle se rétracte maladroitement, sous prétexte qu'elle a dit des conneries sur un plateau de télé vu par quasi personne, c'est accepté et progressiste ? » s'interroge sur Twitter l'un des rares internautes à s'élever contre ce lynchage.

---

1. Entretien le 14 février 2020.
2. Selon Visibrain, l'outil de veille des médias sociaux, plus de quatre-vingt-dix mille messages sont postés sur Twitter du 4 au 10 novembre 2019.

La haine en ligne

Au milieu des tweets d'indignation, des appels aux meurtres et des menaces de viol, l'affaire prend des proportions politiques. La secrétaire d'État chargée de l'Égalité entre les femmes et les hommes Marlène Schiappa la charge à son tour tandis que le politologue Clément Viktorovitch la décrit en poisson-pilote de l'extrême droite cherchant par sa radicalité à élargir la fenêtre d'Overton (c'est-à-dire l'éventail des opinions acceptables dans l'espace public) dans une stratégie de conquête du pouvoir[1]. « Sans m'avancer, il paraît clair que Marine Le Pen n'est pas sa tasse de thé, objecte pourtant David Pujadas. C'est plutôt son libéralisme abrupt qui lui est reproché dans son raccourci lapidaire et donc brutal. Mais de là à ce qu'il suscite un tel lynchage[2]… »

Ironie de l'histoire, le journal *L'Incorrect*, souvent décrit comme proche de Marion Maréchal-Le Pen, profite de la polémique pour la congédier en dénonçant son « dédain macronien[3] ». Julie Graziani a beau répondre qu'elle était bénévole et que c'est elle qui a pris la décision de claquer la porte, sa voix est inaudible. Une cinquantaine d'articles de presse se chargent d'annoncer son « renvoi » afin d'entériner un peu plus sa mort sociale. À la fin de l'année 2019, la jeune femme apparaît dans le top 10 des sujets les plus recherchés par les internautes français sur

---

1. Clément Viktorovitch, « La radicalité comme stratégie rhétorique », le 5 novembre 2019, *Clique*, canalplus.com. Cette chronique télévisée a dépassé les dix millions de vues sur Internet.
2. Entretien le 14 février 2020.
3. Jacques de Guillebon, « Julie Graziani ne représente plus *L'Incorrect* », lincorrect.org, le 7 novembre 2019.

Une honte contagieuse

Google[1]. Elle se classe au quatrième rang devant les décès de Karl Lagerfeld et de Jacques Chirac, ou bien encore la dernière saison de *Game of Thrones*.

Julie Graziani fait partie de la longue liste des cloués au pilori en ligne. Aux États-Unis, on parle de *online shaming*[2] pour désigner cette propension qu'ont les internautes à couvrir de honte la personne qui s'est rendue coupable d'un comportement déviant ou immoral. Notre époque est celle de la résurgence des grandes humiliations publiques collectives sous l'effet d'Internet. Comment la honte est-elle devenue une arme de destruction sociale sur la Toile ? Et quelles en sont les conséquences pour les personnes qui en sont victimes ?

Une peine d'indignité

Les réseaux sociaux n'ont pas inventé la dégradation publique, ils l'ont simplement remise au goût du jour. Jusqu'en 1848, cette peine a été appliquée en France afin de punir les individus qui enfreignaient les normes sociales. Debout, accroché à une estrade sur la place publique ou près de son domicile, les poignets attachés, le condamné faisait face aux crachats et aux injures. Vêtu d'une simple chemise et ne portant pas de ceinture, sa dégradation sociale était

---

[1]. Peggy Baron, « Google : les tendances de recherche de 2019 en France », ladn.eu, le 11 décembre 2019.

[2]. Que l'on peut traduire par « humiliation en ligne ». Voir Marion Dupont, « L'*online shaming*, version moderne du goudron et des plumes sur les réseaux sociaux », lemonde.fr, le 7 juin 2019.

exposée à la vue des passants[1]. Le calvaire du supplicié pouvait s'étirer durant six heures. Au-dessus de sa tête, un écriteau rappelait en gros caractères son nom, sa profession, son adresse et sa peine, tandis que des crieurs publics rabâchaient à tout le monde son méfait. « En théorie, c'était pour prévenir les gens d'un nouveau larcin, mais en réalité, il s'agissait d'humilier, relate l'historien Frédéric Chauvaud, spécialiste de la justice et du crime. Comme les gens n'ont pas traditionnellement bon cœur, ils pouvaient lui jeter des ordures, cailloux ou lui cracher dessus. C'était la risée du quartier[2]. » Ce rituel théâtralisé relevait davantage de la souffrance morale que de la souffrance physique. Dans la société médiévale fondée sur l'honneur et les idéaux chevaleresques, l'humiliation avait un effet dissuasif pour le reste de la population. Lorsqu'un condamné était obligé de chevaucher un âne à l'envers dans les rues de la ville, la sanction avait valeur d'exemple et relevait même d'une forme de pédagogie de l'effroi. En Allemagne, les personnes coupables d'un délit étaient contraintes de porter de lourds masques en métal. En plus de l'affront d'être coiffé d'un attirail représentant un animal grimaçant, une partie du métal s'enfonçait dans la bouche du porteur et l'empêchait de parler. En France, à la même période, les auteurs de faux témoignages étaient affublés de masques grotesques,

---

1. Lucien Faggion, Christophe Regina et Alexandra Roger, *L'Humiliation. Droit, récits et représentations (XIIe-XXIe siècles)*, Classiques Garnier, 2019, p. 17-49.
2. Entretien le 26 août 2019.

Une honte contagieuse

tandis que les faussaires pouvaient être coiffés d'une mitre d'infamie[1]. Les auteurs d'adultère étaient quant à eux contraints de courir nus le long des rues de la cité, flagellés par des sergents et exposés aux railleries de la foule.

Dans les sociétés occidentales, les humiliations publiques ont été progressivement abandonnées au cours du XIXe siècle. Considérant que cette peine « dégrade la dignité humaine, flétrit à jamais le condamné et lui ôte, par sentiment de son infamie, la possibilité de la réhabilitation », elle est abolie en France par le gouvernement provisoire de 1848. Désormais, « le scandale et la lumière vont se partager autrement », voulait croire Michel Foucault, puisque « la justice ne prend plus en charge publiquement la part de violence qui est liée à son exercice[2]. » Si le grand philosophe français était encore en vie, il serait donc surpris d'observer cette réapparition de l'humiliation publique désormais mise à la portée de n'importe quel clavier. Elle est d'autant plus dévastatrice qu'Internet fait exploser toutes les contraintes géographiques ou temporelles qui limitaient ce châtiment. « Le monopole d'une sanction judiciaire ou juridique appartient à l'État mais ces campagnes de honte sur les réseaux sociaux échappent à son emprise, observe Frédéric Chauvaud. Et l'on peut légitimement considérer cela comme une sorte de justice parallèle. Le problème, c'est que la justice établit toujours une

---
1. Nicole Gonthier, *Le Châtiment du crime au Moyen Âge*, Presses universitaires de Rennes, 1998, p. 111-172.
2. Michel Foucault, *Surveiller et punir*, *op. cit.*, p. 15.

peine dosée par rapport à la gravité de l'infraction. Sur les réseaux sociaux, il n'y a aucune mesure... et si l'on est couvert de honte, déménager ne sert plus à rien. »

C'est également la conclusion que tirent les historiens Lucien Faggion, Christophe Regina et Alexandra Roger dans leur volumineuse étude de l'humiliation du XIIe au XXIe siècle[1]. Les trois chercheurs s'alarment ainsi de l'inflation des pratiques destinées à avilir sur Internet. « Dégrader autrui par le biais de ces nouveaux circuits de la parole prend une tournure collaborative, mais pernicieuse. Derrière chaque commentaire se dissimule un processus de réaction en chaîne qui s'avère dangereux. La distance et le rapport aux autres libèrent une violence inédite, confiée aux mots chargés de détruire le lien social [...] La distinction entre vie privée et vie publique disparaît peu à peu et donne à l'humiliation une ampleur plus large, et en conséquence, plus néfaste », préviennent-ils en rappelant la multiplication des cas de suicide consécutif au cyber-harcèlement.

Sur le terrain numérique, le *shaming* est d'autant plus puissant qu'il s'attaque à ce qu'il y a de plus précieux : la réputation. À notre époque, elle se fait et se défait à une vitesse impressionnante. Dans un monde marqué par l'individualisme et le besoin impérieux de faire la promotion de soi-même, l'opprobre semble plus visible que jamais. Le web est un vaste marché socio-affectif où tout se mesure et se

---

1. Lucien Faggion, Christophe Regina et Alexandra Roger, *L'Humiliation*, *op. cit.*, p. 557.

Une honte contagieuse

comptabilise. Jusqu'à sa fermeture en 2018, le site américain Klout proposait de classer les internautes en fonction de leur influence en ligne. Il n'a jamais rencontré le succès espéré, car il offrait ce qui est déjà à la portée de tout le monde. De la quantité de likes d'une photo Facebook[1] au nombre de followers sur Twitter, chacune de vos actions se mesure et donne des indications sur votre statut social. Ses oscillations sont observables en temps réel comme un bornage GPS. D'autant plus pour les jeunes générations. Dans un contexte d'incertitude économique et de concurrence sociale et professionnelle, la popularité et la gestion de son apparence sur les réseaux (Facebook, Instagram et Twitter) représentent un atout pour réussir et s'élever dans la société[2]. Et c'est d'ailleurs parce que nous sommes contraints d'être narcissiques que les réseaux sociaux prospèrent[3]. Dans les écoles de commerce ou de journalisme, on est dorénavant formé au marketing de soi-même[4], à savoir gérer son image et à se faire remarquer comme si nous étions soudainement devenus des marques et des produits. Ce capital symbolique a pris une telle importance dans nos vies que des assurances proposent désormais des offres pour se prémunir des attaques portées à votre cyber-réputation. Et toutes les grosses entreprises

---

1. Au début de l'été 2019, le réseau social Instagram a décidé de masquer les likes qui agrémentent chaque photo dans sept pays afin de réduire la pression sociale qui pèse sur ses utilisateurs.
2. Bret Easton Ellis, *White, op. cit.*, p.15.
3. Paul Vacca, « La nouvelle condition narcissique », medium.com, le 7 février 2019.
4. On parle de *personal branding*.

disposent d'une cohorte de *community managers* afin d'éteindre tout départ d'incendie. Dans les faits, ces remparts se révèlent bien friables. Personne n'est à l'abri d'être coiffé de ce nouveau bonnet d'âne.

« La France entière a vu cette vidéo »

Deux semaines après le scandale, nous retrouvons Julie Graziani dans un bar anglais du XVIe arrondissement de Paris garni de boiseries et de fauteuils en velours rouge. L'éditorialiste est encore sidérée par la violence qui s'est abattue sur elle. « Les injures, ça a beau être virtuel, ça te touche, s'émeut-elle. Des fois, je me dis que si je me retrouvais au milieu de cette foule, ils me tailleraient en pièces. » Son débit est rapide, ses gestes fiévreux. « 99,99 % du temps je dis des choses pondérées, mais là j'ai vraiment dit une connerie et c'est ce que tout le monde va retenir, se désole-t-elle[1]. J'ai l'impression que la France entière a vu cette vidéo ! » Quelques jours plus tôt, elle a été reconnue et insultée par des inconnus dans les rues de la capitale. Depuis, elle porte un foulard et demande à son conjoint d'aller à l'épicerie quand il manque des œufs dans le frigo.

Comme tant d'autres victimes d'opprobre en ligne, Julie Graziani trimballe sa flétrissure en bandoulière et appréhende toute nouvelle rencontre. Celui qui se présente devant elle a-t-il déjà vu la vidéo ? Doit-elle en parler ou faire comme si de rien n'était ? « Ce qui

---

1. Entretien le 18 novembre 2019.

Une honte contagieuse

apparaît dans la honte, c'est l'impossibilité radicale de se fuir pour se cacher à soi-même [...] La honte ne révèle pas notre néant, mais la totalité de notre existence », écrivait le philosophe Emmanuel Levinas[1]. Tout le monde possède des pensées ou désirs intimes dont il redoute qu'ils soient exhibés. L'humiliation en ligne impose une situation orwellienne où le refoulement et la possibilité de se cacher n'existent plus. Téléporté dans un état de transparence totale, le sujet voit ses mécanismes de défense ébranlés. Dans leur livre consacré au traumatisme lié à la honte, les professeurs de psychopathologie Albert Ciccone et Alain Ferrant constatent ainsi que « les barrières conquises par le processus de civilisation sont fragiles et des événements violents et profondément traumatiques sont susceptibles de les balayer, en faisant apparaître au grand jour ce qu'elles ont habituellement pour fonction de dénier. L'humain est alors nu et sa nudité psychique n'est pas couverte par le regard de l'autre semblable [...] Il n'y a pas d'intimité possible lorsque l'on sait tout de soi, lorsque l'on est constamment sous le regard d'autrui[2]. »

Réduit au statut de déchu, l'individu voit sa blessure sans cesse ranimée par le miroir déformant d'Internet. « L'antagonisme est radical entre ce que le sujet voudrait être et la réalité à laquelle il est confronté, analyse le sociologue Vincent de Gaujelac. Ce conflit est alimenté par l'isolement social dans lequel il se

---

1. Emmanuel Levinas, *De l'évasion*, Livre de Poche, 1998, p. 111-114.
2. Albert Ciccone et Alain Ferrant, *Honte, culpabilité et traumatisme*, Dunod, 2008, p. 90.

place. La honte ostracise parce que la personne ne sait jamais quelle place occuper. S'il essaie d'être "comme les autres", on lui dit qu'il en est indigne. S'il accepte son indignité, cela justifie le rejet dont il est l'objet. Il ne sait littéralement plus où se mettre[1]. » Le ressenti des proscrits d'Internet est en partie comparable à celui des sans-abri pour ce président du Réseau international de sociologie clinique : « J'ai rencontré un SDF avec lequel j'ai parlé de son rapport à la honte. Il faisait la manche dans le métro et il m'a dit : "Le plus dur, ce n'est pas d'avoir faim ou froid, le plus grave, c'est le regard de l'autre car il y a des regards qui tuent." La honte naît sous le regard d'autrui et lorsque l'on est sans abri, on ne peut plus cacher sa déchéance publique puisque c'est l'exposition de celle-ci qui va servir à susciter la générosité des passants. »

Sur le web, le déshonneur est durable et sans cesse ressassé par Google. Le moteur de recherche le plus puissant au monde se révèle aussi comme un terrible agent de destitution narcissique. Les résultats d'un scandale submergent n'importe quelle identité en ligne et ne donnent à voir que la plus infâme facette de la personne. « Le problème après ce genre de lynchage, c'est que tu finis par ne plus faire confiance à ton propre ressenti, soupire Julie Graziani. Quand tous les gens que tu lis te disent que tu es un monstre, tu finis par le croire. Tu ne sais plus où est la vérité,

---

[1]. Entretien le 13 mars 2020. Voir aussi Vincent de Gaulejac, *Les Sources de la honte*, Desclée de Brouwer, 1996.

tu ne sais même plus quoi penser. C'est tellement perturbant que ça fait vaciller ton cerveau. »

L'éditorialiste met d'ailleurs une heure avant d'exhumer les ressorts personnels qui l'ont incitée à tenir ce discours brutal sur LCI. « Je crois que j'ai projeté sur cette dame mes souvenirs d'enfance et mes angoisses », finit-elle par révéler. L'enfance qu'elle évoque est celle d'une famille populaire de Saint-Cloud. Avec ses trois sœurs, elle grandit dans un appartement exigu aux murs nus et aux placards vides. Son père s'exile en Russie lorsque sa société fait faillite. Alors que leur couple se lézarde, sa mère renonce au divorce pour ne pas plonger ses enfants dans une plus grande précarité. Elle se bat, emprunte de l'argent à droite à gauche et se rend à la banque alimentaire pour remplir le frigo. Hantée par l'idée de revivre ces années de galère, Julie Graziani a tout fait pour poursuivre de grandes études. « J'ai le souvenir d'avoir vu mes parents humiliés, mais ils ne se sont jamais effondrés », retient-elle. Durant ses études, elle multiplie les petits boulots, décroche un crédit et finit agrégée de lettres et diplômée de HEC. Depuis, elle est administratrice judiciaire et lutte pour empêcher des boîtes de couler quand elle ne s'escrime pas sur des plateaux de télé. Sa rhétorique contre l'assistanat et en faveur de la responsabilité individuelle de chacun trouverait donc ses racines dans son parcours personnel.

Au cours de la controverse, ses positions antiavortement et en faveur de La Manif pour tous ressurgissent. Les médias rappellent qu'elle a cofondé L'Avant-Garde, un mouvement catholique conservateur, avec Charles Beigbeder et Charles Millon. On lui accole l'étiquette de militante d'extrême droite au grand désespoir de son mari Stanislas, cinéaste aux positions sociétales marquées à gauche. En couple avec Julie depuis 2007, Stanislas Graziani a vu la honte contaminer son entourage. « Sur mon fil Facebook, je vois la vidéo avec la tête de ma femme relayée par des copains écrivant "cette femme est un étron" ou bien encore "il faut la crucifier", déplore-t-il lors de notre rencontre dans un café près de la place de la République. Comme on ne pense pas la même chose, on a longtemps cloisonné nos deux univers sur les réseaux sociaux et d'un seul coup les deux se percutaient de manière violente[1]. » Il décide alors d'abattre la cloison. Lassé de recevoir des questions pour savoir s'il a « un rapport avec Julie Graziani », le cinéaste publie sur les réseaux une tribune dans laquelle il répond qu'il s'agit bien de sa femme. Il ajoute qu'il ne partage pas ses convictions et qu'elle a sans doute manqué de bienveillance. « Et elle le regrette, écrit-il. Cela dit, je trouve pour le moins ironique que ce reproche lui soit fait par des tombereaux de haine et qu'elle se fasse agresser dans la rue en présence de nos enfants. »

Alors que son épouse a très vite fermé les écoutilles, Stanislas Graziani ne peut s'empêcher de lire tout ce qui est écrit sur elle. Durant deux mois, il sombre dans la dépression. « Ma femme a des milliards de qualités, elle est brillantissime, elle est tellement drôle, c'est ma meilleure amie et je l'adore, mais c'était difficile

---

[1]. Entretien le 11 février 2020.

Une honte contagieuse

d'assister à cette violence tout en étant associé à des idées qui n'étaient pas les miennes, marmonne-t-il. Je pensais que tout cela était virtuel mais j'ai fait cauchemar sur cauchemar. Je me réveillais en pleine nuit avec des images de messages Twitter qui m'arrivaient dans la gueule. À ma grande surprise, ça m'a beaucoup plus atteint que je le pensais. » Stanislas se rend compte aussi de l'ampleur de cette humiliation en ligne auprès de sa famille. Son propre frère le passe à la question pour savoir si sa femme est vraiment d'extrême droite. « Des amis ont été présents, mais des gens avec qui je suis en contact pour le boulot et avec lesquels j'étais en train de monter des projets ne me rappellent plus du jour au lendemain. Ça a été dur. » La honte est un sentiment épidémique. Elle isole et incite à se distinguer de ceux qui portent cette repoussante macule.

En l'espace de quelques heures, des gens peuvent vous tourner le dos de peur d'être ternis à leur tour. « C'est un mécanisme de défense assez classique qui s'explique par la crainte de se retrouver dans une situation analogue, éclaire Vincent de Gaujelac. Je l'ai constaté auprès de salariés placardisés dans des entreprises et dont les collègues s'éloignaient soudainement. On désigne ça sous l'expression d'"anxiété paranoïde", c'est-à-dire la peur de se retrouver persécuté de la même façon[1]. » « Imaginer secourir quelqu'un de honteux, c'est toujours craindre d'être à son tour rejeté comme elle par ses persécuteurs, complète le psychiatre Serge Tisseron. C'est pourquoi, dans une

---

1. Entretien le 13 mars 2020.

telle situation, nous sommes forcément ambivalents. D'un côté, nous avons le désir de venir en aide à une telle personne, mais d'un autre côté, nous craignons que ceux qui lui ont fait honte nous fassent honte à nous aussi. Alors, pour justifier à nos propres yeux de ne rien faire, nous nous disons : "Peut-être la honte de cette personne est-elle justifiée ? Peut-être devrais-je moi aussi la mettre à l'écart, voire l'enfoncer un peu plus, parce qu'elle doit bien le mériter d'une manière ou d'une autre. On n'est pas honteux ou rejeté sans raison[1] !" » Cette contagion, un homme peut en parler mieux que quiconque...

La tache

Dans les médias, on le surnomme le « porc zéro » ou le « premier porc ». En France, Éric Brion restera dans l'histoire comme le premier homme à avoir été accusé de harcèlement sur les réseaux sociaux. Le 13 octobre 2017, en pleine affaire Harvey Weinstein et deux jours avant que l'actrice Alyssa Milano ne (re)lance #MeToo[2], la journaliste Sandra Muller encourage les femmes françaises à « briser le silence » en racontant le harcèlement sexuel dont elles sont victimes au travail avec le #BalanceTonPorc. C'est depuis un café new-yorkais près de Central Park que

---

1. Serge Tisseron, « De la honte qui tue à la honte qui sauve », *Le Coq-Héron*, 2006/1, n° 184, p. 18-31.
2. Le mouvement #MeToo a été lancé en 2006 par Tarana Burke, une travailleuse sociale originaire de Harlem.

Une honte contagieuse

la directrice de la publication de « La Lettre de l'audiovisuel » déclenche ce qui va devenir une véritable onde de choc. L'idée de ce mot d'ordre lui est venue en lisant un article consacré au producteur américain rebaptisé « The Pig[1]. »

Quelques heures plus tard, Sandra Muller saute sur son clavier pour raconter d'anciens propos tenus par Éric Brion, alors patron de la chaîne Equidia. La scène s'est passée en mai 2012 lors d'une soirée cocktail au Festival de Cannes. Au cours de l'événement, Brion l'apostrophe : « Tu es brune, tu as de gros seins, tu es mon type de femme. » Devant sa fin de non-recevoir, le patron recule, avant de renchérir : « Dommage, je t'aurais fait jouir toute la nuit. » Le lendemain, il s'excuse par SMS. Blessée, Sandra Muller le dénonce cinq ans plus tard, au moment où la parole des femmes se libère. Le hashtag #BalanceTonPorc se répand comme une traînée de poudre, génère des milliers de témoignages et dépasse le million de mentions en l'espace d'un an.

Le jour où il est « balancé » sur les réseaux sociaux, Éric Brion gonfle des ballons pour l'anniversaire de sa fille dans le XVIIe arrondissement de Paris. C'est la sonnerie de son portable qui interrompt les préparatifs. « Est-ce que tu as vu ce que l'on raconte sur toi sur Twitter ? » le prévient un ami. Le quinquagénaire est dans sa bulle et n'a aucune idée de ce qui va lui tomber dessus. « Au début, il y a quelques tweets mais ça reste assez calme, témoigne-t-il. C'est au bout du troisième jour que les choses s'emballent

---

1. Sandra Muller, *#balancetonporc*, Flammarion, 2018, p. 7-15.

et que je commence à prendre des coups. Mon nom est balancé dans la presse et dans des émissions de télé sans aucun conditionnel. Il n'y a que BFM qui a pris la peine de m'appeler pour entendre ma version ! » Les conséquences de cette exposition médiatique sont aussi soudaines que brutales.

Un an plus tôt, Éric Brion avait quitté un cabinet de conseil en stratégie pour fonder sa propre structure qu'il baptise Sleipnir, du nom du cheval fabuleux à huit jambes dans la mythologie nordique. Il ne s'imaginait pas franchir un tel parcours d'obstacles. En l'espace d'une semaine, son agenda s'éclaircit. Ses partenaires se rétractent et ses rendez-vous professionnels sont annulés les uns à la suite des autres. « Sur les douze prévus, il n'y en a qu'un qui est maintenu, relate-t-il. Cette personne devait être sur la planète Mars à ce moment-là, car elle n'était pas au courant. » Son chiffre d'affaires plonge et va « être divisé par 2,5 ». Qui irait s'acoquiner avec quelqu'un dont les résultats Google se confondent avec une affaire de harcèlement ? « C'est trop dangereux pour nous d'associer notre image à la vôtre », s'entend-il désormais répondre.

Une fois l'humiliation exposée au grand jour, c'est sa vie entière qu'il convient de reconfigurer. Mis à l'index, le patient zéro du phénomène #BalanceTonPorc se recroqueville chez lui. Ses rares excursions hors de son domicile le dépriment. Tout le ramène au scandale. Ses voisins ont appris l'affaire en regardant la télé et des commerçants se mettent à l'interroger quand il va faire ses courses. La honte est un handicap social, une impression radioactive.

Une honte contagieuse

Il surprend des connaissances qui baissent la tête quand il entre dans un restaurant. Chaque relation se noue désormais avec un boulet au pied. « Quand je rencontre quelqu'un, j'ai toujours une forme d'appréhension, une peur irrationnelle, reconnaît Brion. Je me mets à serrer la main à des copines avec qui je travaille depuis dix ans. J'aimerais connaître ce que pensent vraiment les gens que j'ai en face de moi quand ils me parlent. Malheureusement, je sais que je n'arriverai jamais à convaincre tout le monde. »

L'humiliation est une souffrance mentale. « La honte vient s'ankyloser dans l'appareil psychique en détruisant de l'intérieur toute possibilité de réaction, estime Vincent de Gaujelac. Le sentiment d'indignité est intériorisé et il demeure, alors que la situation qui le provoque est passée[1]. » L'ancien patron perd sa vélocité. Il entame une psychanalyse, se bourre de médocs et prend dix kilos. « Je ne veux pas faire pleurer dans les chaumières, mais j'avais envie de me balancer par la fenêtre, déballe Éric Brion. Je me suis accroché à mon rôle de père, à mes potes. Chaque texto était une bouée de sauvetage. » Il prend le temps de relire *La Tache*, le chef-d'œuvre de Philip Roth dont le héros Coleman Silk est soudainement rattrapé par son passé. « En fermant le bouquin, j'ai compris que la marque de la honte serait toujours là, qu'elle serait imprimée à vie. »

Pour échapper au sentiment d'indignité, il passe ses journées à dormir, mais ses cauchemars le rattrapent. Parmi ses mauvais rêves, l'un se répète.

---

[1]. Vincent de Gaulejac, *Les Sources de la honte, op. cit.*, p. 71.

Il s'imagine nu sur la place de la Concorde devant des millions de personnes et dans l'incapacité d'échapper au jugement de la foule. Sa défaillance est exposée au regard de tous. « Peut-on rougir de honte dans l'obscurité ? » s'interrogeait le philosophe allemand Georg Christoph Lichtenberg au XVIIIe siècle, avant de répondre : « Je crois que l'on peut pâlir d'épouvante dans le noir, mais point rougir. Ainsi, l'on pâlit à cause de soi, mais l'on rougit à cause d'autrui. » La honte est un sentiment qui donne envie de disparaître de la surface de la Terre pour échapper aux marques de jugement[1].

« Ma fille m'a demandé de supprimer nos photos sur Facebook »

L'infamie est une geôle dont on ne s'échappe pas. Elle imprègne autant le théâtre social que la scène familiale et intime de la personne qui en est recouverte. À la souffrance d'être humilié s'ajoute un sentiment de culpabilité lié à la tristesse que l'on inflige par ricochet à ses proches. « Le plus dur, c'est d'avoir indirectement fait du mal aux personnes que j'aime le plus, s'épanche Éric Brion. Cette douleur de rendre tristes les personnes avec lesquelles j'étais le plus intimement lié. Je me souviens de la douleur quasi physique de mon père qui a plus de soixante-dix-sept ans, les pleurs de

---

[1]. Fanny Dargent et Françoise Neau (dir.), *La Honte. Écouter l'impossible à dire*, chapitre II, « Une défaillance exposée », Puf, 2017.

ma mère au téléphone ou bien encore la tristesse de mes filles. »

Pour protéger sa famille et notamment sa fille cadette encore au collège, Éric Brion se mure dans le silence et évite de réagir dans les médias. « Je ne voulais pas faire les gros titres et que les camarades de classe de ma fille finissent par l'apprendre, confesse-t-il. Les réactions des gamins sont trop violentes, j'ai voulu la protéger. » Sa femme ne résiste pas à la pression autour de son nom et choisit de le quitter. « Au début, elle m'a soutenu, mais ensuite la déformation des faits a été trop lourde à porter, bougonne-t-il. Une collaboratrice a osé lui dire : "Comment tu peux rester avec ce violeur ?" »

À ses yeux, l'épreuve la plus douloureuse fut le coup de fil qu'il a été obligé de passer à sa fille aînée de dix-huit ans qui vit au Canada. « Elle m'a demandé de lui exposer ce qui s'était passé, se remémore Éric Brion d'une voix dénouée. Être contraint d'exposer son intimité à son enfant, c'était éprouvant. Elle a compris que je n'avais rien commis d'illégal, mais savoir que son papa avait pu draguer lourdement quelqu'un, c'était dur à encaisser, surtout qu'elle a été confrontée à pas mal de garçons qui se sont mal comportés. » Sa fille se montre compréhensive, mais lui demande de supprimer leurs photos communes et leurs liens de parenté sur Facebook afin que ses copines ne s'en aperçoivent pas. Éric Brion accuse le coup puis s'exécute. « Elle avait totalement raison de ne pas vouloir être importunée, mais c'était douloureux de devoir faire disparaître nos souvenirs communs. »

La haine en ligne

Comment se remet-on d'une humiliation nationale ?

La honte est un révélateur de la fragilité humaine de chacun. De la même manière qu'une maladie révèle une défaillance ou une fragilité immunologique, un lynchage en ligne renvoie souvent la personne qui en est victime à ses failles ou blessures intérieures. Le destin psychopathologique face à une humiliation en ligne va ainsi dépendre de la manière dont la personne s'est constituée depuis l'enfance dans son identité ou son genre. Il résulte aussi de l'acte qui a déclenché le courroux des foules en ligne. S'il n'est pas porteur de la gravité que lui attribuent les réseaux sociaux et que le sujet l'assume, il sera plus facilement surmontable. « On ne guérit pas de la honte, ce n'est pas une maladie, c'est une épreuve existentielle, assure le sociologue Vincent de Gaujelac. Surmonter une humiliation dépend à la fois de soi et des autres. Cette articulation psychosociale est très importante, car cela dépend d'un travail sur soi mais aussi de la possibilité de retrouver des situations où l'on peut regagner un peu de valorisation de soi-même[1]. »

Certains humiliés en ligne choisissent de ne plus s'exposer au regard d'autrui et de se reconstruire loin des médias et du tumulte des réseaux sociaux. L'objectif est littéralement de se faire oublier, même si Internet n'oublie rien. D'autres, au contraire, décident de remonter sur scène et de se battre pour

---

1. Entretien le 13 mars 2020.

conjurer l'image que Google leur renvoie d'eux-mêmes. Pour se remettre de son humiliation, Éric Brion s'est exprimé dans *Le Monde* pour « réclamer le droit à la vérité et à la nuance[1]. » S'il reconnaît avoir « tenu des propos déplacés » envers Sandra Muller, il regrette « l'ambiguïté » qui le place dans le même panier qu'Harvey Weinstein, reconnu coupable de viol et d'agression sexuelle. Éric Brion réfute tout harcèlement et rappelle qu'ils n'ont jamais travaillé ensemble ni entretenu de relation hiérarchique. Elle rétorque qu'elle était dépendante de lui car c'était un informateur et un client de sa lettre d'information. Pour « laver son honneur », l'ancien patron d'Equidia a porté plainte pour diffamation contre Sandra Muller qui avait accepté ses excuses et pensait l'affaire réglée. « C'est pour ma famille que j'ai décidé de me battre. Je n'avais pas vocation à avoir mon nom étalé dans les médias, maugrée Éric Brion. J'aurais bien aimé avoir mon portrait dans *Libération*[2] pour avoir sauvé un enfant de la noyade, mais pas pour une histoire glauque comme ça. »

Ce fils d'enseignants a fait des études d'histoire et mise sur le fait que le temps balaiera les offenses s'il sort la tête haute de l'épreuve judiciaire. « Je ne veux pas que dans dix ou vingt ans quand on tape mon nom sur Google, mes petits-enfants ou arrière-petits-enfants voient le mot "porc" accolé à leur nom. Je veux faire

---

1. Éric Brion, « Je réclame le droit à la vérité et à la nuance », lemonde.fr, le 30 décembre 2017.
2. Référence à l'article de Luc Le Vaillant, « Éric Brion, la tache », liberation.fr, le 6 janvier 2019.

effacer tout ça, et ça passe forcément par une victoire devant les tribunaux. » Lors du procès, les défenseurs de Sandra Muller lui ont rétorqué que la médiatisation de cette affaire avait également eu un impact sur la vie professionnelle et personnelle de leur cliente. En septembre 2019, l'initiatrice du hashtag #BalanceTonPorc a néanmoins été condamnée en première instance par le tribunal de Paris. Elle a fait appel. Elle doit verser à Éric Brion, qu'elle accusait de harcèlement, quinze mille euros de dommages et intérêts. « Ce n'est pas un signal positif que la justice envoie, s'est insurgé son avocat, Francis Szpiner. On leur dit : mesdames, retournez sept fois votre langue dans votre bouche avant de tweeter, sinon vous serez asphyxiées financièrement[1]. »

Suite à cette victoire en première instance, Éric Brion a décidé d'arrêter de se cloîtrer. Considérant que l'exil n'est pas une solution puisque le *shaming* ne connaît aucune frontière, l'ancien patron est déterminé à se confronter au monde extérieur. Le mardi 12 novembre 2019, il s'est rendu à l'invitation du club Génération Femmes d'Influence pour discuter de l'évolution des relations hommes-femmes au travail dans un restaurant cossu du XVIe arrondissement de Paris. Sur Internet, derrière une photo de profil le montrant avec des lunettes de soleil et la tête posée au creux de la main, il s'est même remis à s'exprimer sur les réseaux sociaux sur des sujets aussi clivants que la cérémonie des César 2020 ou les appels à la censure contre le cinéaste Roman Polanski accusé de viol.

---

1. Corine Audouin, « #BalanceTonPorc : Sandra Muller condamnée pour avoir diffamé Éric Brion », franceinter.fr, le 25 septembre 2019.

Une honte contagieuse

Surmonter une humiliation en ligne procède d'une bataille entre le récit livré par les réseaux sociaux et son propre ressenti. Pour faire entendre le sien, Julie Graziani a quant à elle écrit un essai dans lequel elle tente de donner du sens à cette expérience éprouvante[1]. Elle dit regretter la véhémence de ses propos, mais pas le fond. Mais plutôt que de se résoudre à un réquisitoire contre l'État providence, cette administratrice judiciaire plaide pour la responsabilité individuelle et un refus de la résignation en rendant hommage aux bonnes pratiques des salariés, syndicalistes et dirigeants qu'elle a croisés en dix-sept ans de carrière. En mars 2020, on la retrouve sous la terrasse chauffée d'un bar. Elle commande une coupe de champagne pour fêter la prochaine sortie de son ouvrage dont elle nous présente les épreuves. À quelques mois de son retour médiatique, elle est confiante. « J'ai l'impression que je devrai m'expliquer durant très longtemps sur cette histoire, mais je suis fière de cet ouvrage, car on va enfin comprendre ce que j'ai voulu dire en recrachant cette phrase ce soir-là[2]. » Le sous-titre qu'elle a donné à son livre ? *Philosophie du rebond*. Un vœu pieux lorsqu'il s'agit de faire oublier un déluge d'articles écrits sous le feu de la mitraille. Sur Internet, les médias jouent un rôle de premier plan dans le processus de mort sociale puisqu'ils servent de caisse de résonance aux procès qui s'y tiennent. Et pour des motivations pas toujours journalistiques...

---

1. Julie Graziani, *Tout le monde peut s'en sortir. Philosophie du rebond*, Les Éditions de l'Observatoire, 2020.
2. Entretien le 7 mars 2020.

4.

L'engrenage médiatique

La photo aurait pu être célébrée, elle a au contraire provoqué un déferlement de moqueries. Barda sur le dos, casque sur la tête, piolet accroché à une paroi blanche, Éric Woerth s'est fait photographier en pleine ascension de l'aiguille d'Argentière, l'un des sommets du Mont-Blanc. Le lundi 12 août 2019, après l'avoir gravi, le député Les Républicains, président de la commission des finances de l'Assemblée nationale, poste le cliché sur ses réseaux sociaux, accompagné d'un commentaire un brin fanfaron : « Toujours sur les pointes avant. » Il rejoint ensuite des amis pour déjeuner, sans se douter une seconde de l'avalanche qui va suivre. Des internautes se mettent à ausculter l'image sous toutes ses coutures et à contester sa véracité. En cause : la lanière de son sac à dos qui semble planer sous un angle contraire à la pente et la présence en arrière-plan de deux passants marchant tranquillement sur le même versant. À leurs yeux, la conclusion est évidente : la photo a été volontairement penchée afin de lui donner un côté spectaculaire, et l'ex-ministre du Budget s'est en réalité ridiculement allongé sur la neige. Aux accusations de trucage succèdent une multitude de détournements. On y voit Éric Woerth accroché à la carlingue d'un avion de l'US Air Force, en train de planter un drapeau sur la Lune avec Neil Armstrong, ou encore sur la cathédrale Notre-Dame de Paris. Comme souvent, cette agitation suffit à susciter l'intérêt des médias en ligne qui s'emparent sans aucune précaution de cette « vive polémique qui agite Twitter » et confirment le bien-fondé de ces accusations de bidonnage[1]. « Éric Woerth est la risée des réseaux sociaux », se gausse BFM. « Le député LR de l'Oise aurait peut-être dû vérifier l'arrière-plan de la photo avant de la publier », s'amuse le *Huffington Post*. « L'"exploit" d'Éric Woerth dans les Alpes : faire pivoter une photo pour faire croire qu'il escalade un glacier », raille *Marianne*. *L'Obs* brocarde un « montage quelque peu grossier », tandis que *Les Inrockuptibles* assurent que « la photo a donc été truquée pour faire passer Éric Woerth pour un cador ». Il faut attendre vingt-quatre heures pour que le service CheckNews de *Libération* confirme l'authenticité du cliché en s'entretenant avec l'Office de haute montagne et le guide qui accompagnait le député[2]. Plusieurs sites modifient alors leur article et s'excusent d'être « tombés dans le panneau aussi faci-

---

1. Aliocha, « Les riches enseignements de la non-affaire Woerth », laplumedaliocha.wordpress.com, le 14 août 2019. Voir aussi Olivia Dufour, *Justice et médias. La tentation du populisme*, LGDJ, 2019, chapitre I.

2. Fabien Leboucq et Robin Andraca, « La photo d'Éric Woerth en train d'escalader l'aiguille d'Argentière est-elle truquée ? », liberation.fr, le 13 août 2019.

L'engrenage médiatique

lement ». Sur les réseaux sociaux, c'est trop tard. Personne ne veut croire en la bonne parole de Woerth. Beaucoup gardent en mémoire que ce proche de Nicolas Sarkozy a été mis en cause dans plusieurs affaires judiciaires retentissantes[1].

Pour l'ancien ministre, qui conserve religieusement un mousqueton du grand alpiniste français René Desmaison dans son bureau de l'Assemblée nationale, cette bévue reste difficile à avaler. « J'ai encore du mal à comprendre comment ce fiasco médiatique a pu être possible, s'interroge Éric Woerth six mois plus tard[2]. C'est une petite histoire, mais ça m'a blessé, car ça remettait en question mon honnêteté et ma passion profonde pour l'alpinisme. Il y a certes des détournements qui m'ont faire rire, comme celui où on me voit à la pêche en train de remonter un requin en disant que c'est ma première prise, mais j'ai aussi reçu pas mal de messages violents. Aujourd'hui, j'ai l'impression que la presse se réfugie derrière les réseaux sociaux pour écrire sans vérifier. » Pas rancunier, le député a joint la fameuse photo, vue plus de cinq millions de fois sur le web[3], à la carte de vœux qu'il envoie traditionnellement aux journalistes. Si l'histoire semble anecdotique, elle est révélatrice de la dépendance de la presse à l'égard des réseaux sociaux. Elle indique aussi le rôle non

---

1. Éric Woerth a bénéficié d'un non-lieu dans le cadre de l'affaire de l'hippodrome de Compiègne. Il a été mis en examen dans l'affaire Bettencourt pour laquelle il a été relaxé et dans l'affaire Sarkozy-Kadhafi qui n'a pas encore été jugée.
2. Entretien le 30 janvier 2020.
3. Selon les données de son compte Twitter.

négligeable qu'elle occupe dans le processus de mort sociale, en servant d'amplificateur aux controverses qui s'y tiennent.

Un rédacteur en chef nommé Google

Pourquoi une cinquantaine de médias se sont-ils crus tenus de parler d'une photo d'alpinisme postée par un ancien ministre de Nicolas Sarkozy ? Comment cet emballement a-t-il été possible ? J'ai posé la question à l'un des journalistes qui y a participé. Julien[1] a vingt-sept ans et, depuis trois ans, il est rédacteur web pour un grand site d'information. Chaque jour, il monte en première ligne pour couvrir l'actualité chaude qui embrase la Toile. Casque de musique sur la tête afin de faciliter sa concentration, il travaille dans un vaste open-space où un grand écran de télévision branché sur BFM surplombe la rédaction. Ses horaires sont décalés (soit le matin de 6 heures à 13 heures, soit l'après-midi de 14 heures à 20 heures, soit le soir de 15 heures à 22 heures) et soumis à des impératifs d'audience et de rapidité. Il a l'obligation de trouver et d'écrire au moins quatre sujets par jour. Les aspirants au métier passent tous par la case de ce journalisme de bureau (on parle de « desk ») avant de pouvoir s'accomplir sur des sujets de fond.

Quand Éric Woerth poste sa photo de vacances, la saison estivale bat son plein. Devant leurs ordi-

---

[1]. Son prénom a été modifié à sa demande.

L'engrenage médiatique

nateurs, les journalistes sur le pont peinent à alimenter la locomotive. « C'était le désert, souffle Julien[1]. Je me suis un peu forcé à écrire dessus, car l'info n'avait pas grand intérêt, mais au final ce fut l'un des papiers les plus lus de l'année. Je pense qu'on aimerait tous produire des reportages et de belles enquêtes, mais notre monde ne fonctionne pas comme ça. Pour que l'audience d'un site tienne, il faut alterner des papiers de buzz à des articles à valeur ajoutée. » Pour le rédacteur en chef d'un média qui a également couvert l'histoire, le problème réside plutôt dans le manque de rigueur déontologique sur ces sujets légers. « C'est vrai que c'est une reprise de quelques tweets sans grand intérêt, concède-t-il sous couvert d'anonymat[2]. On l'a écrit parce que les gens attendent de savoir ce qui fait l'actu au moment où ils se connectent. Par exemple, ma mère n'est pas sur les réseaux sociaux et c'est important que des médias rendent compte de ce qui s'y passe. Je crois qu'il y a un décalage entre la désinvolture que va mettre le rédacteur à écrire ce papier sans chercher à faire de vérifications et son intérêt à exister. » Afin de justifier leur couverture, les médias en ligne exagèrent volontiers ces polémiques et accentuent leur caractère dramatique. Tout se passe comme si ces articles écrits pour des raisons comptables se situaient dans une zone grise du journalisme, une sorte d'angle mort où les questions déontologiques se posent avec moins d'acuité.

---

1. Entretien le 7 mars 2020.
2. Entretien le 20 mars 2020.

La haine en ligne

Il faut dire que sur Internet, le paysage médiatique s'est uniformisé. Le bâtonnage, c'est-à-dire la reprise remaniée d'une info parue ailleurs, est devenu la règle. 64 % de ce qui est diffusé sur la Toile ne serait qu'un copié-collé pur et simple de contenus publiés ailleurs, apprend-on dans un livre consacré à la fabrique de l'information en ligne[1]. Certes, cette « circulation circulaire de l'information », pour reprendre l'expression de Pierre Bourdieu[2], ne date pas d'hier. En 1828, le premier périodique fondé par Émile de Girardin, l'un des pères de la presse française, s'appelait *Le Voleur* car il pillait sans vergogne les contenus publiés dans d'autres gazettes. Mais Internet a sans aucun doute démultiplié cette inclination mimétique. Cela aboutit fatalement à un accroissement des infos non vérifiées et des accusations bancales, comme le déplore le sociologue Gérald Bronner, qui a étudié les mécanismes cognitifs sur le web. « Plus la concurrence sur le marché de l'information est élevée, plus le risque de commettre des erreurs s'accroît puisque cette pression déclenche une baisse de la temporalité et de la vérification, remarque-t-il[3]. Dans le cas d'Éric Woerth, les médias se sont fondés sur le jugement des réseaux sociaux, qui s'appuyait sur un biais de confirmation : à savoir qu'un homme politique ne peut être que duplice ou menteur. Tout cela a fait une salade que l'on appelle aujourd'hui un buzz et qui en l'occur-

---

1. Julia Cagé, Nicolas Hervé et Marie-Luce Viaud, *L'Information à tout prix*, Ina Éditions, 2017.
2. Pierre Bourdieu, *Sur la télévision*, Raisons d'agir, 1996, p. 22-23.
3. Entretien le 24 mars 2020.

rence était très injuste car la photo était authentique. On se rend compte que s'il y a un média qui commet une erreur en tête de peloton, tout le train part avec. » Et plus on avance sur la chaîne de la reprise, plus la probabilité pour que l'information initiale soit vérifiée tend vers le zéro.

Mais est-il encore possible pour un média en ligne d'avoir une heure de retard sur les autres afin de procéder aux vérifications d'usage ? La réponse négative à cette question renvoie à l'échec d'un modèle : celui de la gratuité sur Internet. Au milieu des années 2000, une grande partie de la presse française et des médias traditionnels se dotent d'un site Internet. Libéré des contraintes d'espace des journaux, le web s'apparente alors à une *terra incognita* riche de promesses. « On a pris ça comme un terrain d'expérimentation du journalisme offrant du son et de l'image, raconte l'ancien rédacteur en chef web d'un magazine parisien aujourd'hui à la retraite. Puis quand l'audience a explosé, on a imaginé et cru sincèrement qu'on allait pouvoir la monétiser[1]. » Tous les sites se mettent à produire du contenu gratuit en quantité industrielle afin d'être en position de force sur le marché publicitaire. Ce modèle fondé sur l'audience s'érode au fil des années. La manne publicitaire finit par s'évaporer vers Google et Facebook qui en dévorent plus de 90 %[2], mais aussi par être de plus en plus intrusive[3].

---

1. Entretien le 13 avril 2020.
2. David-Julien Rahmil, « Course aux chiffres, copier-coller : le journalisme web en pleine noyade », ladn.eu, le 6 mars 2020.
3. De nombreux journaux produisent des articles, voire des publications entières, en collaboration avec des marques afin de les valoriser.

La haine en ligne

Dotée de faibles moyens et soumise à une exigence de rentabilité toujours plus importante, une partie du paysage numérique se met alors au *clickbait*, terme que l'on peut traduire par « appât à clics » ou, plus vulgairement, par « pute à clics[1]. » Objectif : multiplier les vues sur des contenus aux titres aussi racoleurs que prometteurs. Impossible désormais de laisser passer la moindre vidéo de buzz ou la plus petite polémique qui agite les réseaux puisque ce sont autant de leviers d'audience potentiels pour se hisser dans les portails des moteurs de recherche (Google Actualités, Apple News, etc.) qui rapportent une quantité phénoménale de trafic. « Les variations des critères algorithmiques aiguillent audience et revenus publicitaires, dénonce la journaliste Sophie Eustache dans un livre d'enquête sur l'uniformisation de la presse[2]. L'algorithme impose le rythme et les horaires de publication, la façon d'écrire et de titrer les textes ; il oriente le choix et la hiérarchie des sujets. Google est ainsi devenu le rédacteur en chef dans les services web. »

Spécialisé dans le divertissement pour les moins de trente-cinq ans, Melty est l'un des rares médias à assumer cette automatisation de l'information. Capitalisant sur les sujets buzz qui agitent le web, ce support générationnel s'est longtemps vanté de pouvoir prédire les attentes des internautes. Chaque

---

On parle de *brand content* pour désigner cette confusion entre journalisme et communication.

1. Soit l'idée de produire des contenus dans le seul but d'attirer le maximum de visites afin de générer des revenus publicitaires.

2. Sophie Eustache, *Bâtonner. Comment l'argent détruit le journalisme*, Éditions Amsterdam, 2020.

L'engrenage médiatique

rédacteur du site possède un écran branché sur Shape, un algorithme qui analyse et dicte les sujets les plus recherchés sur le web. L'intention est simple : mesurer le coût de production de chaque article ainsi que son revenu pour mille vues (RPM). « Je ne vois pas ce qu'il y a de problématique à vouloir être lu, assume Christine Turk, directrice des opérations de Melty depuis 2019. Il y a vingt ans, quand j'ai commencé à *Libération*, nous n'avions pas ces outils fabuleux qui permettent de savoir ce que les gens ont envie de lire. Aujourd'hui, grâce à Shape, on analyse les datas [les données] et on arrive à savoir ce que les gens recherchent en temps réel. Cela nous permet d'être régulièrement dans les trois premiers résultats quand quelqu'un recherche un sujet culturel sur Google[1]. » Si le site aux dix millions de visiteurs uniques par mois revendique un positionnement bienveillant, il rend compte avec exhaustivité des polémiques qui se tiennent sur la Toile puisque l'odeur du soufre coïncide souvent avec le clic rémunérateur. Quand on tape le nom de la chanteuse Mennel Ibtissem, on trouve ainsi plus d'une dizaine de papiers rappelant son éviction de *The Voice* suite à la découverte de ses anciens messages Facebook. Sur Internet, la publicité se paie la plupart du temps au clic sur un lien sponsorisé ou par simple affichage de la publicité[2]. Plus le temps passé sur un site s'allonge, plus les recettes peuvent être importantes. Dans son enquête

---

1. Entretien le 27 mars 2020.
2. Dans le premier cas, on parle de « CPC », pour coût moyen par clic et dans le second de « CPM », pour coût pour mille impressions.

sur les humiliations en ligne, le journaliste gallois Jon Ronson chiffrait que le lynchage de Justine Sacco – la responsable des relations publiques chez IAC qui avait publié une blague considérée comme raciste sur Twitter – aurait fait gagner environ cent vingt mille dollars à Google[1]. L'économiste Jonathan Hersh estimait ainsi que « quelque chose dans cette histoire a résonné en eux [les internautes], à tel point qu'ils se sont sentis obligés de chercher son nom dans Google. Cela signifie qu'ils sont engagés. Si l'intérêt pour Justine Sacco était suffisant pour que les utilisateurs restent en ligne plus longtemps qu'ils ne l'auraient fait autrement, ça a dû avoir pour résultat direct plus de revenus publicitaires pour Google. Google a pour devise informelle "Ne soyons pas malveillants", mais ils gagnent de l'argent dès qu'il se passe quelque chose en ligne, même des trucs moches. » Soumis à son diktat, les médias se disputent ces miettes d'audience. Suite au tollé provoqué par les propos de Julie Graziani dont nous parlions dans le chapitre précédent, plusieurs médias français ont sponsorisé des publications afin d'exploiter davantage sa mise au pilori. Sur des sites très éloignés de l'actualité, on pouvait donc voir une bannière cliquable avec une photo de l'éditorialiste accompagné de ce sous-titre : « Après ses paroles répugnantes, Julie Graziani virée de *L'Incorrect* ».

La course aux clics a remplacé la course aux scoops. La crise économique qui touche de plein fouet la

---

1. Nous en parlions dans le chapitre I. Voir aussi Jon Ronson, *La Honte !*, Sonatine, février 2018, p. 254-255.

presse l'a soumise à une logique productiviste. La plupart des rédactions web françaises sont équipées de Chartbeat, un outil permettant de vérifier en temps réel où se déploie leur audience : ce qui marche ou pas, afin d'ajuster le tir en conséquence. « Lorsque l'on parvient à hisser plusieurs papiers sur Google Actualités ou Apple News, on célèbre cela comme si l'on avait remporté un prix Albert-Londres », se désole un journaliste web d'un hebdomadaire[1]. Sur le web, le journalisme assis est devenu une contrainte obligée. Faute de temps ou de moyens pour se rendre sur le terrain, les réseaux sociaux et en premier lieu Twitter se sont imposés comme la principale source d'information de rédacteurs assujettis à des impératifs statistiques.

La « Twitter-dépendance »

Chaque semaine, on ne compte plus le nombre d'articles qui font état d'une « vive polémique sur Twitter », comme si cela constituait un feu vert pour saisir son clavier. Toute escarmouche sur ce réseau social fait l'objet d'une reprise médiatique la scellant dans le marbre blanc de Google. C'est la mésaventure arrivée à Théobald, patron d'une start-up spécialisée dans l'événementiel. Au début de l'année 2020, invité à donner une leçon de management par une chaîne YouTube, ce trentenaire vêtu d'un bleu de travail se lâche face caméra. Avec fièvre, il se livre à un laïus

---

1. Entretien le 17 janvier 2020.

martial et libéral décomplexé et ponctué de franglais afin de décrire les valeurs qui règnent au sein de sa jeune entreprise (« C'est une culture de fight [...] et âmes sensibles s'abstenir », « On a une stricte *"no asshole policy"* »). Plus de deux mille commentaires moqueurs sont déposés sous cette vidéo sur Facebook. Sur Twitter, plus de onze mille tweets sont postés en l'espace de quelques jours pour railler cette « caricature symbolique de la start-up nation[1]. » De nombreux journalistes participent au ball-trap et enquêtent sur sa famille ou ses précédents échecs entrepreneuriaux. Malgré l'absence de tout intérêt éditorial, ce patron n'étant pas une personnalité connue, des médias rendent compte de ce torrent de moqueries et, le rendant public, en décuplent les effets. Le site Gentside l'épingle en le qualifiant de « tête à claques » aux « propos surréalistes et caricaturaux ». France Bleu expose l'histoire dans sa rubrique « Insolite » en racontant qu'« un jeune chef d'entreprise agace sur Twitter ». Cette plateforme serait-elle un parfait miroir de l'opinion publique pour que chacun de ses soubresauts finisse par influencer l'agenda éditorial dans de nombreuses salles de rédaction web ?

Créé en 2006 sous le soleil californien, le site à l'effigie d'un oiseau bleu s'est imposé dès 2009 comme le réseau social des journalistes. Capable de faire vivre n'importe quel événement dans l'instantanéité, le réseau de microblogging est devenu la plateforme d'informations et d'échanges sur laquelle tout journaliste se doit d'être. En 2009, Twitter ne demande

---

1. Selon Visibrain, l'outil de veille des médias sociaux.

plus à ses utilisateurs de commenter ce qu'ils font, mais ce qu'ils voient[1]. Cette même année, la directrice adjointe de l'école de journalisme de Sciences Po Alice Antheaume parlait même de « supra-rédaction[2] » pour désigner « cette construction de l'information en temps réel, en ligne, et en commun qui s'est installée sans avoir été ni planifiée ni orchestrée ». Outil simple d'utilisation à la force de résonance immense, Twitter se mue en instrument politique de communication, mais aussi de protestation, comme en Iran après la réélection contestée de Mahmoud Ahmadinejad[3]. « Au début, Twitter a été une manne d'informations incommensurable. C'était un endroit où tu pouvais discuter avec des sources sur le terrain ou un tas d'experts en direct, rapporte avec nostalgie un rédacteur en chef qui a fait ses premiers pas sur ce réseau en 2007. Mais progressivement, avec son ouverture au grand public, Twitter s'est politisé puis ghettoïsé avec de multiples cercles militants qui ont bien compris l'intérêt qu'il y avait à pousser leurs mots d'ordre dans un endroit scruté par tous les journalistes. C'est à partir de là que les choses ont dérivé et que Twitter a commencé à être utilisé comme un mauvais thermomètre. Quand tu vois plein de gens parler d'un sujet, dont tes confrères, tu te mets à penser que c'est important alors que ça ne

---

1. La signature « *what are you doing* » (« qu'est-ce que tu fais ? ») devient « *what's happening* » (« qu'est-ce qu'il se passe ? »).
2. Alice Antheaume, « La rédaction secrète du web français », slate fr, le 30 août 2010.
3. Sylvain Mouillard, « Iran, la révolution Twitter ? », liberation.fr, le 15 juin 2009.

La haine en ligne

l'est pas forcément[1]. » En mars 1996 dans ses deux cours télévisés au Collège de France, Pierre Bourdieu estimait déjà que la logique de concurrence avait une forte influence sur la production journalistique « dans la mesure où chacun des producteurs est amené à faire des choses, qu'il ne ferait pas si les autres n'existaient pas[2] ». Il ajoutait que « personne ne lit autant les journaux que les journalistes ». Twitter n'a fait qu'aggraver ce penchant originel.

Pionnier du *fact-checking* en France, le journaliste Samuel Laurent, qui a longtemps animé la rubrique des « Décodeurs » sur le site du *Monde*, a lui aussi fait le constat que Twitter était un miroir déformant dont une partie de la profession était prisonnière. En guise d'exemple, il cite une histoire presque banale arrivée à une adolescente. Après avoir mal scanné l'un de ses achats à une caisse automatique d'un magasin Ikea de Strasbourg en octobre 2018, elle est accusée de vol et finit au commissariat. Au sortir de sa garde à vue, elle détaille sa mésaventure sur Twitter. Très partagée, son histoire est reproduite par une grande partie des médias en ligne. « Son témoignage avait été relayé plus de dix mille fois sur Twitter et je me souviens d'avoir compté qu'il avait généré plus de soixante-dix papiers sur le web, s'émeut Samuel Laurent. La plupart étaient des reprises sans aucune vérification de ses tweets. Elle aurait écrit un mail ou un courrier à une rédaction, personne ne lui aurait sans doute répondu, mais du simple fait qu'il était viral, cela

---

[1]. Entretien le 20 mars 2020.
[2]. Pierre Bourdieu, *Sur la télévision, op. cit.*, p. 22-29.

L'engrenage médiatique

constituait une forme d'autovalidation éditoriale. Au cours de ma carrière, je ne compte plus le nombre de chefs qui m'ont dit : "Il se passe ça sur Twitter, donc il faut absolument en parler." C'est comme si plus un sujet buzzait sur Twitter, plus il devenait journalistique[1]. »

Chercheur en science politique, Julien Boyadjian a consacré sa thèse à l'analyse de l'opinion sur Twitter au cours de l'élection présidentielle en France en 2012. Il s'est alors aperçu que bon nombre de journalistes considéraient la twittosphère comme un baromètre de l'opinion, alors qu'elle était loin de recouvrir la réalité sociale du pays. « J'ai observé une surreprésentation des catégories sociales supérieures avec un profil très urbain, très jeune et plutôt masculin », expose-t-il[2]. Il remarque aussi que la plupart des utilisateurs actifs sur ce réseau social sont engagés politiquement. « Un tiers des personnes qui se sont exprimées dans le panel que j'avais constitué étaient des militants associatifs, syndicaux ou politiques. Twitter n'est pas représentatif de l'opinion publique si tant est qu'elle existe, mais de segments de la population bien spécifiques qui s'expriment sur Twitter. On peut être impressionné par une polémique sur Twitter qui peut déchaîner des dizaines de milliers de tweets, mais ces milliers de tweets peuvent provenir de quelques milliers d'individus qui vont représenter moins de 1 % de la population française. » Pour Julien Boyadjian, cet effet de loupe serait dû

---

1. Entretien le 23 mars 2020.
2. Entretien le 8 avril 2020.

La haine en ligne

à une forme de nombrilisme qui règne sur ce réseau : « Quand les journalistes veulent rendre compte de ce que pensent les réseaux, ils se fondent toujours sur Twitter car c'est un réseau social où l'information est centralisée, contrairement à Facebook par exemple. Ce phénomène est renforcé par le fait que la plupart des journalistes sont inscrits dessus et l'utilisent comme instrument de travail. En réalité, Twitter est un miroir très déformé et très grossissant d'une certaine partie de la population. » Le sociologue Baptiste Kotras, spécialisé dans l'étude des opinions en ligne, confirme cette « Twitter-dépendance » des médias et l'estime d'autant plus préjudiciable qu'il y règne une inégalité structurelle de visibilité. « Contrairement aux enquêtes par sondage, basées sur une stricte égalité entre toutes les opinions conçues comme des "états" mentaux strictement individuels, toutes les paroles n'ont pas le même statut sur Twitter, commente-t-il. Quelqu'un qui est très suivi et qui est très mobilisé va apparaître important sur l'instrument de mesure, alors que des gens peu mobilisés vont être invisibilisés. Les opinions à basse intensité ne sont pas perceptibles[1]. »

La peur des foules

Twitter agit comme un instrument de terreur pour des journalistes qui sont exposés en première ligne à la colère des foules. Jean-Michel Décugis en sait

---

1. Entretien le 27 mars 2020. Voir aussi Baptiste Kotras, *La Voix du web. Nouveaux régimes de l'opinion sur Internet*, Seuil, 2018, p. 31-60.

L'engrenage médiatique

quelque chose. Il se souviendra longtemps du mois d'octobre 2019, quand il est passé du statut de détenteur du scoop de l'année à celui de paria. Ce journaliste chevronné est en congé lorsque l'un de ses confrères du *Parisien* balance une bombe sur le fil d'informations générales interne : « Xavier Dupont de Ligonnès aurait été arrêté en Écosse. Est-ce que quelqu'un peut vérifier ? » Doté d'un solide carnet d'adresses, Jean-Michel Décugis s'y colle et se fait confirmer la nouvelle par trois contacts au sein de la police française. « Les empreintes digitales matchent », s'émerveille l'un d'eux. « Je n'ai pas douté une seconde », avoue Décugis[1], qui cosigne un article annonçant l'arrestation du suspect avec l'un de ses collègues[2]. Le samedi 12 octobre sur un fond noir, on peut donc lire en majuscules en couverture du *Parisien* : « Dupont de Ligonnès arrêté ». D'autres grands médias, tels l'Agence France-Presse, *Le Monde* ou *Le Journal du dimanche*, lui emboîtent le pas en obtenant la même confirmation. Sur les smartphones, un vaste concert de notifications annonce la nouvelle. Mais le lendemain matin, c'est la douche écossaise. On apprend que les empreintes digitales ne correspondent en réalité que « très partiellement à celles de Xavier Dupont de Ligonnès » et à 13 h 04 l'AFP finit par annoncer, suite à un test ADN négatif, que l'homme arrêté n'est finalement pas le fugitif le plus recherché de France. Jean-Michel Décugis, qui avait

---

1. Entretien le 27 janvier 2020.
2. Jean-Michel Décugis et Éric Pelletier, « Xavier Dupont de Ligonnès a été arrêté ce vendredi en Écosse », *Le Parisien*, le 11 octobre 2019.

tweeté l'information, reçoit alors des salves d'injures et de moqueries. « J'ai pris un seau de merde sur la tête et ça s'est poursuivi durant des semaines, soupire-t-il. Quant aux confrères qui nous avaient emboîté le pas, beaucoup se sont défaussés sur nous. » Le dimanche, quand il va chercher son fils au sport, l'un de ses copains monte dans la voiture en rigolant : « Tu as vu les conneries que les médias ont encore dites sur Dupont de Ligonnès ? » Jean-Michel Décugis encaisse sans rien dire mais cela fait longtemps déjà qu'il ne reconnaît plus le métier de ses débuts, celui où il pouvait passer quinze jours dans une cité de Bobigny pour en raconter le quotidien. « La presse va mal, on a rogné sur les moyens et ce n'est plus possible d'exercer ce boulot convenablement, maugrée-t-il. Quand j'ai commencé, on était bien accueilli chez les gens. Aujourd'hui, être journaliste, c'est pire que d'être flic. On se fait insulter à longueur de temps sur Internet pour un oui ou pour un non. L'opinion pense que l'on est des nantis, alors que pour un journaliste qui gagne bien sa vie, il y a dix types qui triment à fond de cale derrière. Sur les réseaux sociaux, on sert de punching-ball pour tout le monde. La moindre erreur se paie cash. »

La peur d'être cloué au pilori a même une influence sur la ligne éditoriale des médias en ligne, comme l'a observé Samuel Laurent. « Lorsque Twitter a décidé que quelqu'un était coupable, c'est très difficile d'aller à contre-courant de cette pression populaire et de faire entendre un autre son de cloche, regrette-t-il. T'indigner, c'est t'impliquer émotionnellement et une fois que tu t'es énervé, c'est

L'engrenage médiatique

pénible de reconnaître que tu t'es trompé. Même au sein de ma rédaction, j'ai parfois ressenti la peur de se faire lyncher lorsqu'il était question de revenir sur des sujets clivants. Il faut dire qu'il y a trente ans, quand tu écrivais ton papier, tu recevais au pire cinquante courriers à ton bureau et tu n'étais pas obligé de les ouvrir. Aujourd'hui, la riposte est immédiate et personnalisée. Des internautes vont t'inonder de vagues d'injures, te chercher sur n'importe quel réseau social pour te harceler et s'ils ne te trouvent pas, ils vont s'attaquer à ta famille. »

Pour Thomas[1], journaliste au *Huffington Post*, ce contrôle social « imposé par les communautés militantes de Twitter est aujourd'hui largement sous-estimé ». « Sur les questions de société, leur poids est juste énorme, s'inquiète-t-il[2]. On se sait regardés par la profession et par des militants qui ont beaucoup d'influence, donc on va se sentir obligés de condamner des personnes sans aucun recul ou recontextualisation, parce que l'on veut être dans le camp des gens cool et on ne souhaite pas que notre silence puisse être interprété comme un aveu de complicité. À l'inverse, on peut faire de gros rétropédalages si l'on se prend un *bashing*. » À l'appui de ses dires, ce trentenaire cite le cas d'une tribune qui remettait en cause la place des femmes trans dans les luttes féministes et qui a été dépubliée le 12 février 2020[3]

---

1. Son prénom a été changé.
2. Entretien le 7 avril 2020.
3. Cette tribune écrite par l'essayiste Pauline Arrighi avait été signée par cent quarante personnes, parmi lesquelles plusieurs figures féministes de premier plan, telles la sociologue Christine Delphy, l'his-

suite aux vagues de critiques qu'elle a suscitées sur le réseau de microblogging[1]. « On a rapidement été accusés de transphobie, s'alarme Thomas. On a le droit de ne pas être d'accord avec ce texte, mais il n'y avait rien de répréhensible pénalement. Sur la foi de Twitter, on s'est sentis forcés de la retirer et de faire nos excuses, alors que dans le même temps on peut publier des tribunes de Nicolas Dupont-Aignan. Ça n'a aucun sens ! » Il ajoute : « Comme d'autres, notre média est terrorisé par sa réputation sur Twitter. C'est grave, car ça influence notre hiérarchie éditoriale et ça aboutit même parfois à de grossières erreurs... »

« On a littéralement flingué Philippe Caubère »

Le journalisme n'a pas attendu l'existence d'Internet pour se livrer à des erreurs médiatiques plus ou moins funestes. « De la fausse agression du RER D au scandale d'Outreau, en passant par l'affaire Grégory, on ne compte plus les cas d'emballement, énumère l'historien des médias Patrick Eveno[2]. Ce qui change avec Internet et les chaînes d'infos en continu, c'est la rapidité d'exécution qui se joue désormais en minutes ou secondes, alors qu'elle s'égrenait en

---

torienne Florence Montreynaud, Marguerite Stern, qui est à l'origine des collages contre les féminicides, ou bien encore la journaliste Dora Moutot.

1. Emma Donada et Anaïs Condomines, « Pourquoi le *HuffPost* a-t-il dépublié une tribune sur les femmes trans ? », checknews.fr, le 13 février 2020.

2. Entretien le 10 avril 2020.

L'engrenage médiatique

heures auparavant. » Avant de compléter, à propos des scandales qui ont tendance à se multiplier en ligne : « Aujourd'hui lorsque vous êtes lynché, c'est beaucoup plus difficile d'être blanchi que par le passé car il subsiste toujours des traces sur la Toile. » Le comédien Philippe Caubère, pourtant lavé en février 2019 des accusations de viol portées contre lui, ne peut que souscrire à ce constat. « Certains médias ont joué un rôle de premier plan dans mon lynchage, fulmine Caubère d'une voix tonnante[1]. Tout va très vite aujourd'hui. Trop vite. Si l'affaire dont a été victime Dominique Baudis[2] avait lieu ces temps-ci, on ne lui laisserait aucune chance de s'en sortir. Il n'y a plus aucun respect de la présomption d'innocence, encore moins du temps judiciaire. Les médias ont eu connaissance de cette plainte avant même qu'elle ne soit sur le bureau des enquêteurs. »

Sa descente aux enfers commence au mois de mars 2018. Une activiste et ex-Femen dépose alors plainte contre lui pour agression sexuelle et viol. Le 18 avril, plusieurs médias rendent public son contenu. Le *Huffington Post* l'interroge et relaie son témoignage dans une vidéo qui devient rapidement virale[3]. Sans

---

1. Entretien le 14 avril 2020.
2. En 2003, l'ancien maire de la ville de Toulouse est accusé à tort de proxénétisme, de viol, de meurtre et d'actes de barbarie dans le cadre de l'affaire Patrice Alègre. De nombreux acteurs médiatiques et judiciaires vont participer à cet emballement, au mépris de toute règle déontologique. Voir aussi Dominique Baudis, *Face à la calomnie*, XO Éditions, 2005.
3. Annabel Benhaiem et Alexandre Phalippou, « Affaire Philippe Caubère : Le témoignage de la plaignante, Solveig Halloin

La haine en ligne

attendre les conclusions de l'enquête, les médias en ligne font leurs gros titres sur cette affaire faisant tomber de son piédestal le comédien aux trois Molière. Les faits qui lui sont reprochés remontent à février 2010. Après une rencontre à Toulouse à l'issue d'une représentation théâtrale, la plaignante échange avec Philippe Caubère par mail et SMS. Quelques jours plus tard, elle le retrouve à Paris puis finit par le suivre à son domicile de Saint-Mandé où, selon elle, il l'aurait agressée sexuellement. Le 2 mars suivant, se décrivant « sous son emprise », elle le rejoint à nouveau à Béziers où le comédien se produit. Après un dîner, son accusatrice aurait alors, selon son récit, accepté de le retrouver dans sa chambre d'hôtel où il l'aurait violée. Entendu par la police, Caubère niera toute contrainte et affirmera à plusieurs reprises que la relation était consentie. De son côté, l'ex-Femen clame qu'elle n'est pas la seule victime et crée une adresse mail afin de recueillir d'autres témoignages de femmes. Dans le monde du théâtre, la mise en cause du comédien formé par la célèbre metteuse en scène Ariane Mnouchkine est une déflagration.

Le 20 avril 2018, deux jours à peine après ces révélations médiatiques, Philippe Caubère remonte sur scène au théâtre de la Liberté, à Toulon. Avant la pièce, le comédien s'adresse à son public : « Vous savez ce qu'il vient de m'arriver. S'il y a des gens dans la salle qui veulent manifester leur hostilité, je l'accepterai. Je leur demande juste d'attendre,

---

[VIDÉO EXCLUSIVE] », huffingtonpost.fr, le 18 avril 2018, actualisé le 27 février 2019.

L'engrenage médiatique

pour ce faire, la fin de la pièce. » Ce soir-là, il n'y aura aucun sifflet mais le comédien, qui vit de ses créations, seul en scène, craint que son monde ne s'écroule. « Au début, j'ai eu quelques dates annulées, mais surtout, et c'est pire, des salles moins remplies, se désole-t-il. Une part du public qui vient voir mes spectacles – et en grande partie des femmes – a cru de bonne foi, je pense, que cette accusation était fondée. Quand on balance des accusations aussi graves dans les médias, ça crédibilise les accusations portées et jette forcément un voile de suspicion. »

Un an plus tard, Philippe Caubère est finalement blanchi par la justice. Dans sa décision de classement sans suite[1], le parquet de Créteil déclare que « les accusations portées par Mme H. sur le comportement violent [de Philippe Caubère] ne sont corroborées par aucun élément objectif », comme des messages ou un certificat médical. Au cours de l'enquête longue de douze mois, la plaignante a reconnu n'avoir jamais exprimé son refus de la relation sexuelle qu'ils ont eue en 2010 tout en expliquant que cette apathie était liée à l'emprise que Caubère exerçait sur elle alors qu'elle se rêvait comédienne. De son côté, le parquet a estimé que « l'admiration professionnelle, voire la fascination, que Mme H. vouait à M. Caubère ne peut, s'agissant d'une relation entre adultes, être considérée comme une emprise intellectuelle, l'ayant privée de son libre arbitre, constitutive d'une contrainte au sens pénal ». Pour laver son honneur, Philippe

---

1. Sara Ghibaudo, « Le comédien Philippe Caubère blanchi des accusations de viol », franceinter.fr, le 18 février 2019.

La haine en ligne

Caubère a déposé une plainte pour diffamation et quatre plaintes pour dénonciations calomnieuses contre son accusatrice. « Je ne cherche pas à obtenir une réhabilitation médiatique, je souhaite une réhabilitation judiciaire, souligne le comédien. Parce que si je n'ai, en ces matières-là, aucune confiance dans les médias, je crois encore en la justice de mon pays. Ces médias partent du principe aujourd'hui que le témoignage de n'importe quelle femme prévaut sur celui de n'importe quel homme. C'est une aberration. Dans ce domaine, hommes et femmes sont capables également du meilleur comme du pire. »

Au-delà de la bataille judiciaire qui oppose l'ancien pilier du Théâtre du Soleil à l'activiste féministe, c'est la question du traitement médiatique qui est remise en cause. Car l'accusatrice ne l'a pas seulement accusé d'agression sexuelle et de viol. Au cours de sa déposition, l'activiste a déclaré que Philippe Caubère « torturait et tuait des prostituées dans son appartement de Saint-Mandé », qu'il faisait « la sortie des écoles » parce qu'il était « attiré par les petites filles » et qu'il détenait « des fichiers pédo-criminels ». Face à des policiers médusés, elle a également soutenu que le comédien avait pris l'habitude de se masturber devant des images de la Shoah. Interrogées par les enquêteurs, les ex-compagnes de Philippe Caubère citées par la plaignante à l'appui de ses dires démentiront toutes sa déposition. L'une d'entre elles, qui aurait été « attachée à un radiateur » et « soumise à un viol collectif », selon les termes de la déposition, tombera de sa chaise à la lecture de ce récit et criera au « délire ».

L'engrenage médiatique

Comme l'a révélé *L'Express*, une partie des journalistes qui ont relayé la plainte étaient au courant de l'étendue de ces accusations, mais ont préféré les passer sous silence afin de rendre plus crédible le récit de la plaignante[1]. Ainsi, l'interview vidéo de l'accusatrice, qui durait approximativement une heure, a pu être réduite à neuf petites minutes. Exit toute la partie concernant les actes de torture, de barbarie et de proxénétisme. Très remontée contre eux, Marie Dosé, l'avocate de Philippe Caubère, estime qu'ils ont « orchestré une opération médiatique scandaleuse[2] ». Dans une mise en demeure adressée à l'un de ces médias le 19 février 2019, mais restée lettre morte, la pénaliste s'insurgeait : « Votre site d'information avait donc parfaitement conscience de la fragilité des déclarations [...] mais n'a pas renoncé à publier sa "confession", préférant couper plus de quarante minutes de ses allégations pour les rendre plus crédibles. » L'avocat de l'activiste, Jonas Haddad, indique qu'elle n'a pas contesté la décision du parquet de Créteil et regrette que dans cette histoire, « la hiérarchie de l'information ait devancé la hiérarchie judiciaire. Une simple plainte n'aurait pas dû faire la une des journaux télévisés durant quinze jours[3]. »

Mortifié, Philippe Caubère juge que les médias ont agi avec lui « comme des piranhas face à un morceau de chair nue ». D'une voix grave, il déclare : « Mais ce

---

1. Thibaut Solano, « Affaire Philippe Caubère : l'ombre d'un dérapage médiatique », *L'Express*, le 11 février 2020.
2. Entretien le 9 avril 2020.
3. Entretien le 21 avril 2020.

qui est grave, ce n'est pas tant mon cas personnel – je ne suis pas mort –, mais qu'un tel dérapage médiatique puisse avoir lieu dans l'indifférence générale. Il est tragique de voir à quel point les médias se rendent les complices actifs de ce genre de lynchages, qu'ils considèrent comme des dommages collatéraux inévitables et, au fond, négligeables. J'ai la chance – une chance que j'ai gagnée à la sueur, non pas de mon front, mais de mon cerveau et de mon corps – d'être indépendant ; j'ai celle aussi d'avoir une solide réputation. Plus solide en tout cas que l'escomptaient mon accusatrice et ses pitoyables relais. J'ai donc pu surmonter cet affront. Mais il y a des comédiens qui, par la nature même de leur métier, dépendent des autres, et je sais qu'ils ne s'en relèvent pas. Aujourd'hui, on peut très facilement ruiner quelqu'un avec une accusation relayée à outrance sur Internet et les réseaux sociaux, sans même prendre la peine de déposer une plainte. Au contraire, l'accusation médiatique prévaut et fait encore plus mal, car il n'existe aucune possibilité de réparer. Pour le public, elle est scellée : l'accusé est nécessairement coupable. »

Après l'annonce du classement sans suite, le média en cause se contentera de retirer discrètement la vidéo de son article[1], mais le malaise demeure au sein de la rédaction. « On a publié ce témoignage, car on ne voulait pas passer pour un média qui étouffe la parole des femmes, soupire Thomas. On a voulu avoir notre #MeToo et pour cela on a fermé les yeux sur les passages les plus dérangeants de la vidéo. Sauf qu'au

---

1. Elle est encore disponible sur YouTube.

L'engrenage médiatique

final, nous n'avons procédé à aucune vérification et on a flingué Philippe Caubère. On l'a littéralement flingué. Ça me terrifie, car je me dis que cette accusation va lui être accolée à vie lorsque des gens taperont son nom sur Google. » Avant de nous quitter, il confesse, amer : « On a dérogé aux principes de notre métier pour une cause que l'on prétendait défendre. Au final, on a mal défendu cette cause puisque l'on a participé à une accusation d'une personne innocentée par la justice. On a bafoué les principes de base de notre profession et on a sapé un peu plus le lien de confiance que l'on est censé nouer avec nos lecteurs. »

Le train du buzz ne sifflera qu'une fois

Bien que le metteur en scène ait été blanchi par la justice, sa réputation est entachée. Au début de l'année 2020, des collages anonymes ont été placardés sur les murs du quartier de Port-Royal à Paris. On pouvait y lire « Matzneff[1] = Caubère ». Et lorsque l'on cherche le nom de Philippe Caubère sur Google, les accusations de viol apparaissent autant que le nom de « Ferdinand Faure », son personnage-frère qui accompagne sa vie théâtrale depuis 1981. « Quand on tape son nom sur Google, on retombe toujours là-dessus, enrage son avocate, Marie Dosé. Je n'arrive

---

1. Référence à l'écrivain Gabriel Matzneff, qui a longtemps assumé ses pratiques déviantes. Il est accusé de viols sur mineurs suite à la publication du roman autobiographique *Le Consentement* (Grasset, 2020), de l'éditrice et écrivaine Vanessa Springora. Il conteste ces accusations.

à rien retirer malgré le classement sans suite et lorsque les résultats de mes plaintes pour dénonciation calomnieuse et diffamation tomberont dans deux ans, ça n'intéressera plus personne. » Dans son livre consacré à la tyrannie des émotions au sein de l'espace public, la journaliste Anne-Cécile Robert déplore que « les journalistes oublient une des règles du métier : conserver une distance par rapport aux faits afin d'en rendre compte de la manière la plus complète, la plus honnête ou objective qui soit[1] ». « Le journaliste n'a pas à prendre parti et à alimenter une compassion forcément sélective, rappelle-t-elle. En adoptant une lecture sensible des événements, la presse opte instinctivement pour ce qui apparaît le plus simple, c'est-à-dire le soutien à la partie la plus faible ; personne volée, violée, ou la famille d'un individu assassiné. Elle effectue un choix, elle fait le tri entre ceux qui sont, selon elle, dignes d'empathie, et ceux qui, au contraire, méritent l'opprobre public. Ce faisant, elle se comporte à peine mieux que les foules déchaînées qui insultent les accusés, voire les couvrent de crachats, sur le chemin qui sépare la prison du tribunal. » À la dernière ligne de la Charte d'éthique professionnelle des journalistes, il est rappelé que dans l'exercice de ses fonctions, le journaliste ne doit pas « confondre son rôle avec celui du policier ou du juge[2] », mais ce principe est régulièrement piétiné par des médias

---

1. Anne-Cécile Robert, *La Stratégie de l'émotion*, Lux Éditeur, 2018, p. 51.
2. Charte d'éthique professionnelle des journalistes (SNJ, 1918/38/2011), acrimed.org, le 9 mars 2011.

L'engrenage médiatique

à la remorque des réseaux sociaux. L'important est de prouver que la rage populaire est justifiée, pas de rechercher la vérité. « Le problème aujourd'hui, c'est qu'une enquête médiatique à charge vaut tout autant qu'une enquête judiciaire : elle est prise comme telle par l'opinion qui finit bien souvent par lui donner plus de crédit que l'enquête judiciaire, se fâche la pénaliste Marie Dosé. Or, il n'existe pas ou si peu de contre-enquêtes pour rétablir les lynchages médiatiques, et, lorsqu'elles existent, elles ne sont jamais autant relayées que la déflagration initiale. »

Sur Internet, le train du buzz ne passe qu'une fois et l'écho d'une réhabilitation judiciaire ne recouvre jamais le crépitement initial des accusations. Boris Vian écrivait que « les articles de fond ne remontent jamais à la surface ». Le constat vaut aussi pour les contre-enquêtes qui déconstruisent un emballement. Cent soixante-dix articles ont relayé la plainte de viol contre Philippe Caubère. Seulement soixante-cinq ont fait état de son classement sans suite. Après avoir été relaxé le 8 juillet 2020 des accusations d'agressions sexuelles sur une collégienne de 14 ans, le célèbre trompettiste Ibrahim Maalouf regrettait lui aussi que « pas un seul journalite » ne se soit déplacé pour faire écho à la décision rendue par la cour d'appel de Paris[1]. Pour Gérald Bronner, ce sombre tableau s'explique par la place proéminente que la colère occupe dans nos vies numériques. « L'indignation est

---

1. Geoffroy Clavel, « Ibrahim Maalouf, relaxé de l'accusation d'agression sexuelle, déplore le "déchaînement" médiatique », *Huffington Post*, le 25 juillet 2020.

un vecteur de viralité et un excellent produit médiatique. Et la logique du marché de l'information actuel encourage notre voyeurisme, confirme-t-il ainsi. Il est beaucoup plus efficace de partager une accusation qu'un article qui va la déconstruire. N'oublions pas que nous sommes tous des petits agents sur le marché de l'attention en ligne. Personne n'a envie de relayer une information qui n'est pas vue. »

Sur la Toile, nous vivons quotidiennement les obsèques de la nuance. Le gris est une couleur en voie de disparition. Pour se distinguer sur ce marché marqué par une infobésité galopante, il n'y a guère de place pour les hypothèses décalées, les titres pondérés ou les positions médianes. « Les réseaux sociaux sont alimentés par des articles de journalisme, mais l'inverse est vrai également, relève Gérald Bronner. Les titres tapageurs et outranciers sont devenus la norme et ils ne correspondent d'ailleurs pas toujours au contenu de l'article. Quand on sait que 60 % des internautes ne lisent que le titre des papiers qu'ils partagent[1], on imagine bien les dégâts que cela peut générer. Ces micro-mécanismes conduisent à une démocratie des crédules et non à une démocratie de la connaissance. » Cette tendance du public à relayer ce qui choque ou indigne contribue d'ailleurs à la prolifération des fake news. Dans une enquête publiée dans la prestigieuse revue *Science* en mars 2018, on apprenait que les fausses

---

1. Caitlin Dewey, « 6 in 10 of You Will Share This Link Without Reading It, A New, Depressing Study Says », *The Washington Post*, le 16 juin 2016.

L'engrenage médiatique

infos se propagent six fois plus vite que les vraies[1]. « Alors que la vérité se diffuse en moyenne auprès d'un millier de personnes, les premières vagues de retweets d'informations erronées sont couramment diffusées auprès de mille à cent mille personnes », concluent les chercheurs du Massachusetts Institute of Technology (MIT) de Boston qui ont dirigé cette étude et passé en revue plus de 126 000 histoires (en lien avec la politique, l'économie, le terrorisme...) relayées entre 3 millions et 4,5 millions de fois et diffusées en anglais sur Twitter entre 2006 et 2017.

Anne Rosencher, directrice déléguée de la rédaction de *L'Express*, reconnaît qu'il y a une « asymétrie » entre le dommage porté par une mauvaise information et le rétablissement de la vérité après coup. « Cette mécanique est aussi vieille que l'information, mais c'est vrai qu'avec l'accélération d'Internet, le mal est fait plus rapidement et plus impunément, constate-t-elle. Enfin, les traces du scandale médiatique sont éternelles alors qu'avant il fallait consulter ces coupures de presse sur microfilm à la bibliothèque[2]. » Comment expliquer le silence des médias dans ces dérapages médiatiques ? « Il y a sans doute une part de honte collective de s'être fourvoyé qui fait que l'on préfère passer à autre chose plutôt que de revenir sur nos erreurs, explique-t-elle. Je pense aussi que c'est lié à la faiblesse d'une grande partie

---

1. Soroush Vosoughi, Deb Roy et Sinan Aral, « The Spread of True and False News Online », *Science*, le 9 mars 2018, vol. 359, n° 6380, p. 1146-1151.
2. Entretien le 8 avril 2020.

de la presse. Plus tu es faible et délégitimé, plus tu crains de faire ton *mea culpa*. A contrario, *Le Canard enchaîné*, qui reste relativement puissant, n'a aucun problème à se faire des "pan sur le bec[1]" quand ils commettent des bourdes. » Le sociologue Gérald Bronner va plus loin et pointe du doigt « une forme de tyrannie des minorités qui créent une intimidation morale et un silence lors des lynchages en ligne. La peur de perdre sa réputation conduit toujours à endosser le point de vue de ce que l'on pense être le plus grand nombre, afin d'éviter le coût social dont les contestataires doivent s'acquitter. Le problème, c'est que cette intimidation morale prend parfois le pas sur les conditions d'administration de la preuve et contamine des journaux de référence que l'on pensait indifférents à ce genre de perturbations. »

Il semble y avoir urgence tant ces dérapages médiatiques creusent le scepticisme à l'égard des journalistes. Selon une étude du Reuters Institute publiée en 2019 et s'appuyant sur la consommation d'information en ligne, 76 % des Français répondent ne plus avoir confiance dans les médias[2]. Ce score historiquement bas – lié notamment au traitement médiatique de la crise des Gilets jaunes – relègue la France à l'avant-dernière position d'un classement comptant trente-huit pays. Et les perspectives d'avenir n'ont rien de rassurant, à en croire Jérôme Fourquet.

---

1. Référence à la rubrique du *Canard enchaîné* où le journal reconnaît et corrige les erreurs publiées dans ses colonnes.

2. Seulement 24 % continuent de leur accorder du crédit, tandis que 32 % des Français disent carrément ne plus s'intéresser à l'actualité. Voir www.digitalnewsreport.org.

L'engrenage médiatique

Dans *L'Archipel français*, son livre à succès qui théorise la fragmentation de la société française, le directeur du département « Opinion » à l'Ifop fait le pari que « le paysage médiatique et informationnel qui se maintient avec difficulté risque d'être totalement bouleversé d'ici une quinzaine d'années, quand les générations du début du baby-boom qui constituent le dernier carré des lecteurs de la presse et des téléspectateurs des chaînes historiques auront disparu[1] ».

Pour Patrick Eveno, qui préside le Conseil de déontologie journalistique et de médiation (CDJM[2]) fraîchement inauguré en décembre 2019, à l'ère d'Internet, la solution consiste à jouer la carte de la transparence. « Pour surmonter la défiance, il faut le reconnaître lorsqu'un travail journalistique a été bâclé. C'est cette humilité qui nous permettra de renouer le contact perdu », conclut-il. Pas certain que ce changement de paradigme, si tant est qu'il advienne, permette aux personnes accusées à tort de retrouver un semblant de vie normale. Sur le web, les annonces de réhabilitation ne recouvrent jamais le grondement du tribunal médiatique. Aujourd'hui, l'oubli n'existe plus.

---

1. Jérôme Fourquet, *L'Archipel français*, Seuil, 2019, p. 79-82.
2. Voir www.cdjm.org.

5.

Google n'oublie rien

Elle est la première Française victime d'un lynchage en ligne d'envergure nationale. Pour une vidéo improvisée il y a douze ans, elle est harcelée quotidiennement en 2020. Quand elle va faire ses courses, qu'elle prend le bus ou qu'elle se balade dans la rue, il ne se passe pas une journée sans qu'elle essuie une volée d'insultes et qu'on la renvoie à cette terrible humiliation. Amandine[1] n'a commis aucun méfait, elle a juste eu le malheur de diffuser une chanson sur Internet. Pire qu'un casier judiciaire, elle doit vivre avec un casier Google. Il suffit de taper son prénom pour que le moteur de recherche le plus consulté au monde suggère une profusion d'articles et de vidéos ironiques. Mère de famille, elle a dû se justifier auprès de ses enfants quand ils ont fini par tomber sur la séquence. « Je tape tous les jours mon nom sur Google en espérant que ça finisse par disparaître, mais j'ai l'impression que ça me

---

1. En accord avec Amandine, j'ai anonymisé son nom et son lieu de résidence.

poursuivra à vie », déplore-t-elle aujourd'hui[1]. Quand Amandine parviendra-t-elle à retrouver une vie normale ? Durant combien de temps encore devra-t-elle traîner cette casserole ?

Son calvaire a débuté au mois de décembre 2008. Elle a alors dix-huit ans et se filme dans le salon familial en train de rapper. La jeune fille tient son PC portable sur les genoux et s'enregistre avec un appareil photo qu'elle tient à bout de bras. Sur une instru de Booba, cette néophyte déclame un refrain : « J'adore aider les pays en difficulté car pour eux ils sont pauvres, mais pour les Français, on dit qu'on est riches ; avec cinquante euros là-bas, ça fait trois cent trente mille francs CFA ! » L'idée de cette chanson lui est venue après un séjour scolaire au Sénégal. « J'avais vu des personnes en situation d'extrême pauvreté, des écoles maternelles payantes et j'ai eu envie d'écrire un morceau pour en parler ! » relate-t-elle. À la fin des années 2000, le rap hardcore est en plein essor et sa chambre est tapissée des héros du genre, tels Booba, Sefyu ou encore Sinik avec qui a elle a posé après un concert. Elle rêve de s'y adonner. « J'ai fait ma vidéo en cinq minutes. Je l'ai postée sur YouTube et Dailymotion pour recevoir des conseils et m'améliorer. » Elle n'est pas la seule, des milliers d'internautes s'essaient à la vidéo sur le web. La France de 2008 est celle de la transition vers le tout-numérique. Alors que le haut débit a fait son apparition dans les foyers français, plus de la

---

1. Entretien le 19 mars 2020.

moitié de la population s'y connecte quotidiennement[1]. Sauf que ce ballon d'essai est repéré par des animateurs de la radio NRJ qui décident de la ridiculiser à l'antenne. Des centaines de milliers d'internautes fondent alors vers la vidéo pour la regarder et commenter la prestation de celle qui est désormais surnommée « Amandine du 38 ». Elle est réduite au rang de phénomène d'Internet générant une litanie sans fin de montages et de reprises sarcastiques, son image ne lui appartient plus. Les médias ne sont pas en reste et participent à son humiliation. La chaîne LCI évoque un « rap amateur qui massacre la langue de Molière et qui s'affranchit de toute notion de rythme », d'autres relaient complaisamment les commentaires narquois de ses camarades de classe dans des reportages télévisés. En l'espace de quelques semaines, la chanson dépasse la barre des deux millions de vues. Un record pour l'époque.

Le lynchage ne se borne pas aux frontières du numérique. Jour et nuit, elle est harcelée sur son téléphone fixe et mobile. « Ça durait parfois jusqu'à trois ou quatre heures du matin, chuchote-t-elle. Quand je répondais, ça raccrochait et ça ne s'arrêtait jamais. » Dans la petite commune iséroise de dix-huit mille habitants où elle habite, la malheureuse vidéo se répand aussi vite qu'une rumeur. Quand elle retourne dans son lycée où elle prépare un CAP petite enfance, elle est conspuée. Lors des intercours, ses camarades la forcent à rapper

---

[1]. En 2008, selon Médiamétrie, plus de la moitié des Français se connectent quotidiennement sur Internet.

et l'incitent au suicide. « Je ne pouvais même plus suivre les cours, donc j'ai été obligée d'arrêter ma formation, c'était intenable, maugrée-t-elle. Les profs étaient au courant mais ils n'ont rien fait. On me répondait que j'étais responsable de ce qui m'arrivait et que je n'aurais pas dû m'afficher sur YouTube. » Ses parents la réprimandent et lui demandent de ne plus rapper car sa sœur et son frère se font également insulter à l'école. Son blog, ses comptes YouTube et Facebook sont piratés à de multiples reprises et ses vidéos sont effacées après publication : des internautes s'amusant à les signaler comme des contenus « racistes ». Durant l'été 2009, sa mort est même annoncée sur le site participatif Le Post[1]. Poussée par des « amis » à répondre aux critiques, Amandine poste de nouvelles vidéos qui alimentent le phénomène.

Impuissante face à la déferlante, la jeune femme abandonne ses études et trouve un emploi d'aide à domicile. À la fin de l'année 2010, elle est enceinte et se rend dans un centre d'imagerie médicale pour réaliser une échographie. Dans la salle d'attente, une personne la reconnaît. Elle la prend en photo à son insu et la poste sur Internet. La nouvelle fait à nouveau le tour du web. « J'ai l'impression que chacun de mes pas est scruté, murmure-t-elle. J'ai essayé de changer de coupe ou de couleur de cheveux, mais on continue de reconnaître mon visage dans la rue. » Dernière preuve en date : le 18 mars 2020, veille de notre ultime échange téléphonique, alors que

---

1. Ancêtre de la version française du *Huffington Post*.

la France entière bascule dans le confinement afin d'enrayer la circulation du COVID-19, Amandine a été à nouveau importunée alors qu'elle se rendait dans une pharmacie. « Des gens sont venus m'insulter. C'est sans fin, alors dès que je peux, j'évite de sortir toute seule. »

Dans cette petite commune rurale, le harcèlement d'Amandine est devenu un sport municipal, presque un rite initiatique. Douze ans plus tard, les écoliers se moquent d'elle de génération en génération. « J'ai encore des collégiens ou des lycéens qui s'amusent à me suivre dans la rue ou à se pointer devant chez moi pour sonner, se lamente-t-elle. Le pire, c'est que je crois que ma famille n'a toujours pas compris ce que j'ai vécu et ce que je continue d'endurer. » Son malheur profite même à des internautes qui ont opportunément dupliqué ses vidéos afin de se faire de l'argent. « Ils se font du fric sur mon dos et je ne peux rien faire. J'ai essayé de contacter YouTube mais personne ne me répond. » Si l'ampleur de son cyber-harcèlement est sans commune mesure, Amandine est loin d'être un cas isolé. Des milliers de personnes ne vivent dans l'angoisse que l'on retombe sur une vidéo ou un article compromettant niché sur la Toile. Se posent donc deux questions : peut-on encore cacher quoi que ce soit à l'heure d'Internet ? Et pourquoi, malgré toutes les déclarations de bonnes intentions des politiques autour du « droit à l'oubli », la demande de retrait d'informations personnelles reste une chimère ?

La haine en ligne

Bataille mémorielle

S'il peine encore à être appliqué, le droit à être oublié est une prérogative fort ancienne. En France, on trouve sa première mention publique en 1965 lors du procès intenté par la dernière maîtresse de Landru à la société de production de Claude Chabrol suite à la parution de son film racontant la vie du tristement célèbre tueur en série[1]. Le nom de cette dame était cité près de quarante ans plus tard alors qu'elle cherchait à vivre incognito. Dans les années 1970, la France promulgue ses premières lois sur la protection des données, notamment pour interdire aux banques de conserver les noms des personnes interdites de chéquier au-delà d'un certain temps[2]. Mais il faut attendre 1983 et un jugement du tribunal de grande instance de Paris pour que le droit à l'oubli soit retenu[3]. La juridiction affirmait que « toute personne qui a été mêlée à des événements publics peut, le temps passant, revendiquer le droit à l'oubli ». Elle signalait que « le rappel de ces événements et du rôle qu'elle a pu y jouer est illégitime s'il n'est pas fondé sur les nécessités de l'histoire ou s'il peut être de nature

---

1. J.-M. Théolleyre, « Un témoin de l'affaire Landru mis en scène dans le film de Claude Chabrol invoque son "droit à l'oubli" », lemonde.fr, le 22 septembre 1965.

2. Meg Leta Jones, *Ctrl + Z: The Right to Be Forgotten*, New York University Press, 2016, p. 36-37.

3. Maryline Boizard, « Le droit à l'oubli », Mission de recherche Droit et Justice, février 2015, HAL-SHS, archives ouvertes.

à blesser sa sensibilité » et que « ce droit à l'oubli, qui s'impose à tous, y compris aux journalistes, doit également profiter à tous, y compris aux condamnés qui ont payé leur dette à la société et tentent de s'y réinsérer ».

Pourtant, en 1990, la Cour de cassation rejette cette notion de « droit à l'oubli » en ces termes : « une personne ne peut se prévaloir d'un droit à l'oubli pour empêcher qu'il soit à nouveau fait état de faits touchant à sa vie privée qui avaient été livrés, en leur temps, à la connaissance du public. »

Il faudra ensuite attendre le 13 mai 2014 pour que la notion d'un droit de déréférencement – consacré uniquement aux liens internet – soit entérinée par la Cour de justice de l'Union européenne. C'est un séisme. La personne à l'origine de cet exploit n'est pas un militant associatif ou un lanceur d'alerte mais un quinquagénaire espagnol méconnu vivant à La Corogne. Il s'appelle Mario Costeja González. En 1998, à la suite de difficultés personnelles, il subit la saisie, puis la vente aux enchères, d'un bien immobilier, afin d'apurer les dettes de sa femme. Quelques années plus tard, il règle ses créances, mais l'annonce de la vente aux enchères parue dans le quotidien de Barcelone *La Vanguardia* reste accessible sur Internet. Et à chaque fois que des gens tapent son nom sur Google, ils tombent sur cette brève de trente-six mots. C'est le fait d'être interpellé sans cesse par des clients à propos de ses anciens soucis de trésorerie qui l'incite à s'attaquer au Goliath californien en 2009. « Le combat pouvait sembler inégal, voire impossible, au début, mais je n'ai pas abandonné, raconte-t-il aujourd'hui. Quelques années auparavant, j'avais lu *1984* de George Orwell et ce livre m'avait beaucoup marqué. Je me suis rendu compte que la réalité a dépassé la fiction et que toutes les entreprises technologiques sont désormais l'équivalent de Big Brother. Nous leur donnons et offrons nos données gratuitement et eux s'en servent pour leur business. Je pensais que mes données personnelles m'appartenaient et Google défendait le contraire[1]. » Cinq années de combat judiciaire plus tard, il obtient gain de cause. « Je me souviens encore du moment où j'ai appris cette décision comme si c'était hier, jubile Mario Costeja González. J'ai arboré un sourire qui ne m'a pas quitté de la journée. J'ai compris que ça ouvrait la voie à une nouvelle législation à l'échelle de cinq cents millions d'habitants de la communauté européenne et que des générations de citoyens allaient pouvoir reprendre la main sur leurs données ». Cet arbitrage de la Cour de justice de l'Union européenne en sa faveur a des conséquences énormes. Par cette décision, elle instaure la possibilité pour chaque internaute européen de demander aux entreprises comme Google de supprimer, sous certaines conditions, les liens apparaissant lorsqu'ils tapent leur nom sur Internet. Le moteur de recherche fut ainsi contraint de mettre à la disposition de tout un chacun une plateforme permettant d'envoyer sa requête de suppression de données en joignant une copie

---

1. Entretien le 12 avril 2020.

Google n'oublie rien

de sa pièce d'identité. Le nombre de demandes adressé au puissant annuaire a alors explosé. En l'espace de quatre ans, Google a reçu plus de six cent cinquante mille sollicitations, dont cent quarante et une mille rien qu'en France[1]. Mais ce formulaire n'a rien d'un détachant miracle[2]. Parmi les 2,4 millions de liens concernés, seuls 43,3 % ont été désindexés[3]. Sur le site Lumen Database, un projet de recherche de l'université américaine Harvard qui recense toutes les réclamations de suppression de contenus reçues, on observe que la plupart des recours concernent des commentaires ou avis négatifs rédigés sur Google Maps qui nuisent à des magasins, médecins ou artisans et qui émaneraient de clients mécontents voire de concurrents. « J'ai reçu une série d'avis négatifs après avoir refusé l'accès à mes toilettes à un groupe de trois personnes à 1 heure du matin alors que j'étais en train de fermer », raconte ainsi le patron d'un restaurant italien de l'Est parisien[4]. Cinq minutes plus tard, il reçoit une notification l'alertant d'un nouvel avis. On pouvait y lire : « Restaurant raciste refusant l'accès aux toilettes de plus la nourriture est infecte. N'y allez pas ! » « Signaler le contenu diffamant n'a rien changé et ça aurait pu avoir de terribles conséquences pour la réputation de mon

---

1. Marc Rees, « Droit à l'oubli : Google a effacé 900 000 URL en Europe, dont 200 000 en France », nextinpact.com, le 27 février 2018.
2. Frédéric Brillet, « Nettoyer son passé sur Google », *Capital*, le 22 août 2014.
3. Soit 900 479 dont plus de 200 000 en France.
4. Entretien le 2 avril 2020.

établissement, fulmine-t-il. J'ai dû les menacer d'une plainte pour qu'ils suppriment leur commentaire. » En 2020, les restaurateurs craignent davantage une série de mauvais avis rédigés sur Tripadvisor que la visite inopinée d'un critique gastronomique. Et ce d'autant plus qu'en cas de diffamation, les critères pour obtenir le blanc-seing de Google reste opaques. Dotée d'un rôle supra-judiciaire, celui de choisir qui a le droit d'être oublié ou non, l'entreprise américaine reste souvent sourde aux sollicitations des internautes et fait primer la liberté d'information du public sur la défense de la vie privée. En cas de refus, il reste toujours la possibilité de saisir la Commission nationale de l'informatique et des libertés[1], mais elle croule sous les demandes et manque cruellement de moyens[2]. « Dans notre civilisation de l'écrit, le nombre de contentieux a explosé. L'État a créé la CNIL sans lui donner les moyens de traiter toutes les plaintes et ils sont littéralement noyés, regrette Alexandre Archambault, avocat spécialiste du numérique et ancien responsable des affaires réglementaires chez Free[3]. On fait face à une démission totale du politique sur le droit à l'oubli et ce sont les Gafa qui exercent aujourd'hui ce pouvoir. » Autre obstacle à l'oubli : la désindexation ne supprime que des

---

1. Voir au sujet de l'histoire de cette autorité administrative indépendante Jean-Marc Manach, « #14 h 42 : entretien avec Louis Joinet, l'un des pères de la CNIL », nextinpact.com, le 18 février 2015.

2. Jérôme Colombain, « La CNIL : toujours plus de plaintes pour toujours aussi peu de moyens », francetvinfo.fr, le 11 avril 2018.

3. Entretien le 6 février 2020.

liens relatifs à un nom propre et ne gomme pas les informations relatives au contexte. En bref, si vous tapez un patronyme puis d'autres informations (événement, métier...), vous pouvez très facilement tomber sur les liens problématiques. Pour ceux qui veulent recouvrer leur virginité numérique, il reste alors deux solutions : engager un bras de fer juridique en s'offrant les services d'un avocat ou aller consulter ceux que l'on surnomme les « nettoyeurs du net ».

« Mon plaisir dans la vie, c'est de hacker Google »

De la même manière qu'il existe des garagistes qui restaurent comme neuve votre voiture en cas de sortie de route, le web regorge d'agences de nettoyage qui permettent à votre identité numérique de retrouver ses couleurs d'origine. En France, les cas fréquents de scandales générés par les réseaux sociaux ont fait de « l'e-washing » un marché aussi juteux que florissant. On dénombre plusieurs dizaines d'agences partout sur le territoire. Parmi les plus anciennes et les plus réputées, on compte Reputation Squad et iProtego qui se trouve à Marseille. C'est chez ces derniers que nous nous rendons. Leurs locaux sont nichés au cœur du Panier, au quatrième étage d'un immeuble qui abrite aussi la Fédération française de pétanque. Leur devise ? « Ne laissez pas une mauvaise réputation ruiner votre vie ». À la fin du mois de février 2020, Ludovic Broyer, son fondateur, nous accueille dans son bureau qui donne sur la cathédrale néo-byzantine de la Major. Sur sa porte, une affichette met tout de suite dans l'ambiance. On y voit le personnage de Monsieur Propre rebaptisé « Mr Ludo ». Ce quadra à la fine barbe de trois jours est un pionnier du genre. Après avoir travaillé dans le référencement web puis avoir écumé les réseaux sociaux en tant que chasseur de têtes, Ludovic Broyer a très vite compris l'importance qu'allait prendre notre réputation numérique dans nos vies. En 2009, il se décide à monter l'une des premières agences d'e-réputation en France après que la fille de son meilleur ami a été victime de cyber-harcèlement suite à la diffusion de photos privées alors qu'elle était âgée de dix-sept ans. « À partir de ce moment-là, je me suis dit qu'il fallait se battre pour redonner aux internautes le contrôle de leur identité, martèle-t-il aujourd'hui. Ce n'était pas normal qu'une gamine soit impuissante face à une telle violation de sa vie privée[1]. » Car les nettoyeurs du web l'affirment : de la même façon qu'on peut ruiner une carrière en quelques tweets, on peut aujourd'hui rebâtir une image numérique en un tour de main. Pour cela, il suffit de les contacter via leur site Internet ou par téléphone.

La veille de notre entretien, Ludovic Broyer était en déplacement à Paris suite au coup de fil terrifié d'un patron d'une entreprise totalement à l'arrêt depuis un article négatif. « Tous leurs prestataires défilent au téléphone pour annuler leurs commandes, détaille-t-il. La réputation en ligne est deve-

---

1. Entretien le 28 février 2020.

nue un actif financier et peut totalement plomber une boîte. » Du haut de ses onze ans d'expérience, Ludovic Broyer clame ainsi qu'il peut « laver n'importe quelle réputation ». Avec un grand sourire, il ajoute : « Mon plaisir dans la vie, c'est de hacker Google. » L'enjeu est de taille. Google n'est plus un simple moteur de recherche comme à ses débuts, en 1997, mais un empire qui règne sans partage sur Internet. La firme californienne a l'ambition d'être un média hégémonique qui vous garde le plus longtemps possible dans son enclos (afin de vous faire cliquer sur de la publicité) plutôt que de vous laisser gambader ailleurs. Devenu un moteur de réponse[1], Google devance chacune de vos requêtes et affiche des propositions dès les premières lettres frappées sur votre clavier. Ces suggestions qui apparaissent automatiquement au cours de la saisie viennent ressasser n'importe quelle polémique. Pour un nettoyeur, la mission ne consiste donc pas seulement à récurer les résultats indexés aux noms ou prénoms de leurs clients, mais aussi toutes les propositions (parfois infamantes) qui y sont associées. « Google est devenu un algorithme de réputation, résume Ludovic Broyer. Et l'impact de ces suggestions est énorme. On voit tout de suite les résultats les plus vus et cliqués et il se trouve que ce sont souvent ceux qui ont généré le plus de polémiques. Sans même le chercher, Google sert sur un plateau le pire de vous-même. Pour réussir

---

1. Depuis 2012, Google propose aussi une fiche de connaissances (Knowledge Graph) avec des informations sémantiques issues de sources diverses (Wikipédia, Flickr, etc.).

un bon nettoyage, il faut donc s'attaquer en priorité à ces mots clés négatifs. » Pour un lynchage médiatique, le montant de la facture oscille en moyenne entre vingt mille et trente mille euros. La douloureuse peut dépasser la centaine de milliers d'euros pour les cas les plus lourds.

Bottes secrètes

Chez iProtego, les techniques de recouvrement des contenus sont aussi secrètes que la recette du Coca-Cola et je dois signer un accord de confidentialité avant d'être autorisé à interviewer le personnel[1]. « Un bon nettoyage, c'est un nettoyage qui ne se voit pas, assène le boss de l'agence. Si j'essaie de nettoyer la réputation d'une éditorialiste et que l'on tombe d'un seul coup sur des sites sur la cause animalière, un blog sur le surf et le récit d'un voyage en Chine, il ne va pas falloir longtemps avant que mon tour de passe-passe ne s'effondre. Je prends alors deux risques : que ces nouveaux articles soient peu cliqués et donc rapidement relégués en queue de peloton, mais aussi que des internautes découvrent le pot aux roses et le dénoncent. C'est ce que l'on appelle l'effet Streisand[2]. »

---

1. Les informations concernant les clients évoqués dans ce livre ont été modifiées afin de respecter cette clause.
2. L'effet Streisand est un phénomène Internet qui tient son nom de la chanteuse Barbra Streisand qui, en 2003, tenta de bloquer la diffusion d'une photo aérienne de sa propriété. Il désigne aujourd'hui

Au sein de l'agence marseillaise, on mise sur le *sculpting*. C'est-à-dire la promotion de contenus positifs déjà existants. « Les contenus présents en page 1 de Google, ce sont des cadors bien costauds et on ne les dégage pas avec un petit jeunot de dix-huit ans », parade Ludovic Broyer. Pour nous faire comprendre sa stratégie, le fondateur d'iProtego nous emmène dans la salle du réacteur : le bureau des nettoyeurs. Casque de musique sur la tête, trois consultantes pianotent silencieusement derrière leurs ordinateurs. Il n'est pas donné à tout le monde de murmurer aux oreilles des moteurs de recherche alors que leur algorithme évolue constamment. « Ce sont des expertes de Google, assure Broyer. Il n'y a aucune école pour apprendre leur métier. Même en ayant préalablement une bonne connaissance du web, il faut six mois d'expérience pour être autonome. » À la tête de ce commando : Kadi. C'est cette trentenaire énergique qui coordonne la trentaine de dossiers à nettoyer qui tombent chaque semaine. Le montant de ses prestations réclame de débourser plusieurs dizaines de milliers d'euros. À son poste de travail, deux écrans imposants lui font face. Celui de droite ressemble à un moniteur de contrôle qui lui permet de faire un audit de la situation de son client. C'est la première étape. Tel un hit-parade, le logiciel liste l'évolution des dix premiers résultats qui s'affichent sur la sacro-sainte page une de Google, la vitrine de

---

l'effet boomerang qui se manifeste par la surdiffusion d'une information faisant l'objet d'une tentative de retrait ou de censure.

n'importe quelle réputation en ligne. « C'est vraiment là que se situe notre périmètre d'intervention, car 90 % des gens ne vont pas au-delà, expose-t-elle. Notre objectif va être de faire reculer les contenus désagréables présents en page 1 et de promouvoir des pages positives parfois reléguées en page 3 ou page 4. »

Pour Kadi et son équipe, la seconde étape consiste à s'entretenir avec leurs clients afin de connaître leurs goûts et leurs passions. Cela permet de créer une multitude de contenus pertinents afin de muscler leur présence en ligne et de noyer ainsi les articles infamants dans les profondeurs de Google. « Cela va des profils sur les réseaux sociaux (LinkedIn, Viadeo, Instagram, Pinterest, Tumblr) aux articles de blogs, en passant par l'achat de contenus sponsorisés. » Pour Kadi, l'obstacle le plus difficile à surmonter, ce sont les archives des sites de presse puisqu'ils possèdent une *page rank*, c'est-à-dire une puissance sur Google, très forte. Un papier publié sur le site du *Monde* ou du *Figaro* aura toujours plus de poids qu'un obscur article de blog sur le jardinage même s'il a été posté récemment. « On essaie de négocier avec les médias afin d'obtenir une anonymisation pour nos clients, mais parfois, même pour des articles vieux de dix ans, j'essuie des refus. J'ai du mal à comprendre leur inflexibilité », soupire Kadi.

La cheffe des nettoyeuses évoque alors l'histoire de Cédric, un ancien policier qui a été condamné pour corruption il y a plus de vingt ans. « Il avait fini par retrouver un poste de responsable, rapporte-t-elle.

Durant dix-huit mois, tout le monde était content de lui, jusqu'au moment où l'un de ses collègues a retrouvé un article de presse relatant cette histoire. Tous les gens qui le côtoyaient ont alors changé de regard sur lui. Il a été mis à la porte du jour au lendemain alors qu'il avait payé sa dette à la société. » Avec son hypermnésie, Google ruine souvent toute possibilité de réinsertion sociale ou professionnelle. Parmi les ruses que Kadi ose dévoiler, il existe la possibilité de créer un faux homonyme de toutes pièces. Pour redonner une virginité à Pierrick, un courtier mêlé injustement à une affaire d'évasion fiscale, c'est la solution à laquelle elle a eu recours. « On a totalement inventé un personnage de DJ qui avait le même nom. Il avait son blog, sa page Facebook avec ses musiques et ça a suffi à faire reculer le contenu infamant. »

Les nettoyeurs opèrent aussi sur Wikipédia afin de rééquilibrer ou dissimuler les passages les plus polémiques de leurs clients. Kadi se connecte à un VPN (*virtual private network*, un « réseau privé virtuel »), un logiciel permettant de masquer son adresse IP et de la relocaliser n'importe où dans le monde. En deux clics, la voilà connectée comme si elle était basée à Los Angeles. « Ça permet d'éviter de se faire repérer par les modérateurs », souffle-t-elle. La technique offre la possibilité de ripoliner discrètement l'image de leurs clients sans se faire repérer par la patrouille de l'encyclopédie en ligne. Conscient de ce genre d'opérations de maquillage, les wikipédiens sont de plus en plus vigilants. Dans un bulletin publié le 27 mai 2020 sur Wikipédia[1], deux administrateurs français de l'encyclopédie ont raconté avoir épinglé « plus de quatre-vingts comptes – non déclarés et auteurs de modifications promotionnelles – rattachés à des agences de communication ». Plutôt que d'enlever les passages gênants et risquer de se faire repérer, ces contributeurs masqués les noient en ajoutant un torrent d'informations positives ou promotionnelles. À iProtego, on nous signale la main sur le cœur que ce genre d'opérations est rare. La plupart des cas traités quotidiennement par les nettoyeurs marseillais concernent des histoires moins médiatiques…

« Tout le monde peut subir un préjudice de réputation »

À l'étage, nous retrouvons Marion. Sur le bureau de cette trentenaire souriante s'étale une grande pile de dossiers. Elle est chef de projet Osculteo, un outil créé par l'équipe de développement de l'agence. L'objectif ? Permettre à tout le monde de faire un check-up de sa santé numérique. Elle nous en fait la démonstration sur son ordinateur portable. « Vous vous créez un compte en renseignant votre nom, prénom, adresse mail, et hop, on scanne Internet, s'enthousiasme-t-elle. On réalise un diagnostic de votre e-réputation en l'espace de quelques secondes grâce à une intelligence artificielle. » Sur

---

1. Alice Huot, « Dark RP : des agences de com' utilisent Wikipédia pour faire de la promo », ladn.eu, le 28 mai 2020.

son écran s'affiche alors une liste de vignettes vertes pour « positif », rouges pour « négatif ». Une fois l'évaluation établie, il est possible de réclamer gratuitement un devis à l'agence. Le tarif est fixé en fonction du nombre de liens. « Retirer un article, ça coûte entre 79 et 130 euros. On a voulu offrir un produit grand public, décrit-elle. Notre client type, c'est une personne qui a posté des commentaires ou des vidéos il y a des années et qui ne parvient plus à les supprimer. »

Le métier de nettoyeur du net est encore mal perçu au sein de l'opinion publique. Pour certains, il permettrait à des crapules de s'offrir une nouvelle vie en occultant leurs méfaits. Marion peste contre cette présentation caricaturale de son job, parfois alimentée par les médias. Elle se voit plutôt comme la bouée de sauvetage d'internautes au bord de la crise de nerfs. « Tout le monde pense que l'on a des truands et des mecs horribles, alors que la majorité des gens ne sont pas coupables de ce qui leur arrive, proteste-t-elle. Ils subissent un préjudice de réputation qui aurait pu arriver à n'importe qui. Une mauvaise vidéo, un commentaire un peu énervé, un licenciement annoncé dans la presse et leur réinsertion professionnelle devient très compliquée et ils pensent n'avoir aucune solution. »

C'est la situation qu'a connue Georges, un commercial de cinquante et un ans, il y a bientôt sept ans. Quinze jours après s'être fait voler son ordinateur portable dans un café de la gare de Lyon à Paris, un ami l'appelle au téléphone, un peu gêné aux entournures : « J'ai été sur un site porno et j'ai vu des photos de toi et ta femme dénudés. Tu es au courant ? » Georges se rend sur le site et tombe sur les photos intimes ainsi que sur plusieurs documents personnels qui étaient stockés dans son disque dur. Il pense pouvoir accepter la situation mais très vite les choses s'enveniment. Ce pack de documents a été mis en ligne sur des sites de partage de fichiers, comme Rapidshare. Sa famille et son entourage découvrent rapidement les contenus volés puisqu'il suffit de taper son prénom et son nom pour y parvenir. À l'école, ses enfants sont soudainement pris à partie. Appelée au secours, l'agence réussit à faire disparaître ces contenus au bout de trois mois de haute lutte.

Passionnée par son métier, Marion passe quotidiennement plusieurs heures avec des clients au téléphone. « J'ai souvent l'impression d'être l'épaule sur laquelle ils viennent pleurer, confie-t-elle. Si on n'a pas d'empathie, il faut faire un autre boulot, mais chaque matin quand je me regarde dans la glace, je me dis qu'on aide beaucoup de gens à sortir de l'impasse. » L'équipe d'iProtego reçoit beaucoup d'appels à l'aide désespérés. Ici, tout le monde a encore en mémoire l'histoire de Jade, une institutrice de vingt-cinq ans qui habitait dans un petit village de La Réunion. Vexé de leur rupture, son ancien petit copain publie sur Internet une vidéo de leurs ébats en précisant son nom et son prénom. On appelle ça le *revenge porn*. Cette pratique venue des États-Unis consiste à se venger de son ex-petit(e) ami(e) en diffusant sur Internet des photos ou vidéos privées à caractère sexuel. En sortant dans la rue, Jade s'aperçoit que les gens la regardent différemment. La vidéo s'est répandue dans le village. Du jour au lendemain, elle devient *persona non grata*. Suite à des plaintes, l'inspection académique la suspend de son poste d'enseignante et diligente une enquête. Elle fait alors une première tentative de suicide. Finalement rétablie dans ses fonctions, c'est au tour des parents d'élèves de la boycotter. Elle s'entend dire : « Nous ne pouvons pas confier nos enfants à une fille comme vous. » Elle fait une seconde tentative de suicide, avant que son nouveau petit ami ne décide de contacter l'équipe d'iProtego. Au bout de trois semaines, ils réussissent à faire retirer la vidéo.

Plus récemment, Ludovic Broyer a reçu un mail inquiétant : « Bonjour, mon fils de treize ans se fait harceler, car il a laissé des vidéos de lui avec son nom. Le compte Google associé a été supprimé, mais les vidéos restent disponibles. Avez-vous des contacts chez YouTube car les signalements ne marchent pas. Je vous supplie de m'aider, mon fils a des envies de suicide. C'est une question de vie ou de mort. » Après quelques échanges de courriels, l'équipe d'iProtego se rend compte que ce n'est pas la mère qui est à l'autre bout du clavier, mais l'ado lui-même. À l'âge de dix ans, le gamin s'était filmé en train d'interpréter une chanson grivoise. Quelques années plus tard, dans les affres cruelles du collège, des camarades de classe ont découvert la vidéo et ont commencé à le faire chanter. L'équipe d'iProtego a réussi à supprimer la séquence et n'a rien réclamé à l'enfant, si ce n'est de parler de cette mésaventure à ses parents.

Malgré leur redoutable efficacité, beaucoup de lynchés du net ne font pas appel à des nettoyeurs et continuent de traîner indéfiniment leurs casseroles. Soit parce qu'ils ignorent leur existence, soit parce qu'ils sont en pleine procédure judiciaire et qu'ils souhaitent faire constater le préjudice en ligne avant de réclamer un coup de gomme, soit parce qu'ils espèrent que la situation finira par s'améliorer (ce qui est très rarement le cas), soit parce qu'ils n'ont pas les finances pour s'offrir ce genre de solutions. « Le droit à l'oubli reste inégalitaire, déplore Ludovic Broyer. Il y a ceux qui ont les moyens de se soigner et les autres. Le cyber-harcèlement mériterait d'être davantage pris en compte par les pouvoirs publics. On a beaucoup glosé autour de la vidéo à caractère sexuel de Benjamin Griveaux qui l'a conduit à renoncer à sa candidature à la mairie de Paris, mais en moins de vingt-quatre heures, elle a disparu et la plupart des Français ne l'ont pas vue. Si nous n'avions pas aidé ce petit gamin, les vidéos seraient encore en ligne aujourd'hui et peut-être qu'il serait passé à l'acte. De nos jours, il y a malheureusement des mômes qui se foutent en l'air pour moins que ça. »

Est-il encore possible de vivre avec un Google pareil ? Dans *Chute libre*, l'un des épisodes de la série télé dystopique *Black Mirror*, le spectateur est soudainement téléporté au sein d'une société régie par la cote personnelle : chacune des actions, même la plus anodine comme la commande d'un

Google n'oublie rien

milk-shake, fait l'objet d'une notation (de 0 à 5, les mieux notés ayant accès à de plus vastes privilèges). On suit alors la lente dégringolade de Lacie qui, en cherchant à tout prix à améliorer sa note pour changer d'appart, finit par multiplier les bourdes et à être reléguée aux marges de la société. La réalité a rattrapé la fiction puisque la Chine expérimente déjà dans deux cent soixante villes un système de crédit social visant à attribuer une note à chaque individu en fonction de ses écrits et de son comportement[1]. Régulièrement, la classe politique occidentale s'émeut de cette fabrique de citoyens modèles qui introduit une société fondée sur la réputation sans se rendre compte qu'elle est déjà mise en place chez eux par Google. Qui peut encore nier que les résultats brassés par le plus puissant des moteurs de recherche équivalent à une forme de notation sociale déguisée ? Dans nos sociétés occidentales pourtant forgées par une culture chrétienne, l'oubli et le pardon sont en voie d'extinction. Internet nous a tous transformés en personnalités publiques devant assumer *ad vitam æternam* les reliques peu glorieuses de nos identités passées. Il est quasi impossible de disparaître aux yeux du golem californien sans avoir recours à une aide extérieure qui nécessite forcément des moyens. Dans les années à venir, la législation pourrait cependant évoluer. Si en septembre 2019 la justice européenne a donné le sentiment de capituler face à Google en limitant

---

1. Simon Leplâtre, « Chine : la fabrique de citoyens modèles », *Géo*, n° 492, février 2020.

les effets du « droit à l'oubli » aux frontières de l'UE[1], un jugement plus récent a donné un peu d'espoir aux défenseurs des libertés publiques.

Face aux militants du droit à l'oubli, les avocats du géant américain aiment se défausser en répondant que « Google n'est pas là pour administrer la vérité ». Ils pourraient bien y être contraints un jour. Alors que la mécanique du moteur de recherche a longtemps inversé la charge de la preuve (avant c'était à l'accusation de démontrer la culpabilité de quelqu'un), désormais ce sont les algorithmes qui clouent au pilori et qui poussent chaque citoyen à prouver son innocence et son droit à se faire oublier. Le 6 mars 2020, suite à la demande d'un psychologue qui avait été innocenté de trois chefs d'inculpation pour des agressions sexuelles, le tribunal de l'Audience nationale espagnole a ainsi contraint Google à afficher en tête de ses résultats de recherches l'acquittement d'une personne lorsqu'elle sera innocentée. Devant ce bras de fer juridique contre Google, Mario Costeja González, l'Espagnol à qui l'on doit l'instauration du droit à l'oubli en Europe, reste sceptique. « Nous ne devons jamais oublier qu'un moteur de recherche n'est pas une ONG[2], il s'occupe de son business, alerte-t-il. Ce sont les tribunaux et les agences de protection des données de chaque pays qui peuvent

---

1. Martin Untersinger, « Le droit à l'oubli ne s'applique pas au monde entier, tranche la justice européenne », lemonde.fr, le 24 septembre 2019.

2. Une ONG (Organisation non gouvernementale) est une association à but non lucratif.

défendre les intérêts des citoyens. Plus que jamais, nous devons nous battre individuellement pour la défense de nos droits[1]. » Il n'existe pas non plus d'association ou d'organisation qui prennent en charge les victimes des lynchages en ligne sans cesse rabâchés par Google. Et tout le monde ne se remet pas d'un tel traumatisme...

---

[1]. Entretien le 13 avril 2020.

6.

Vivre ou survivre

En février 2017, alors que sa mort sociale est prononcée au grand jour suite à la découverte d'une vingtaine de messages violents qu'il avait postés sur Twitter, Mehdi Meklat reçoit un texto tranquillisant de Michel Houellebecq. « On se remet toujours d'une polémique », le réconforte l'écrivain habitué des controverses. Trois ans plus tard, le prix Goncourt 2010 concède qu'il ne délivrerait plus le même présage. « J'étais sincère quand je lui ai dit cela, mais le problème c'est qu'aujourd'hui je pense exactement l'inverse », nous confie Michel Houellebecq depuis son appartement du XIIIe arrondissement de Paris, perché en haut d'une tour des Olympiades. « J'aurais tendance à dire qu'on se remet de plus en plus difficilement des polémiques, et par ailleurs qu'il y a de moins en moins de pardon, que les persécuteurs remontent de plus en plus loin dans le passé. Je ne pense même pas que ce soit à cause d'Internet, il était déjà très puissant à l'époque de l'affaire Mehdi Meklat. Au fond, je ne sais pas ce que c'est. C'est difficile à comprendre, et assez moche. Il est vrai que pour ma part, j'ai survécu socialement. Mais j'ai envie d'ajouter ; "jusqu'à présent". Il est possible que cette situation dure jusqu'à ma mort, mais je ne suis plus tout jeune[1]. » Pour l'auteur des *Particules élémentaires* aujourd'hui âgé de soixante-quatre ans, l'origine de ce climat serait à chercher dans ce nouvel ordre moral qui a infusé dans les réseaux comme dans la société et qui n'admet plus le droit à l'erreur. « Comment ces gens ont-ils pu passer, en si peu de temps, de l'amour de la liberté à celui de la servitude ? s'interroge l'écrivain. Cela me fait penser à un personnage des *Possédés*, de Dostoïevski, Chigaliev, qui dit un truc du genre : "Partant de la liberté illimitée, j'aboutis au despotisme illimité." Bon, cela dit, Dostoïevski n'explique rien, il n'essaie même pas. Il se contente de poser le personnage, comme un paradoxe vivant. Peut-être est-ce qu'on ne peut pas en demander davantage à un romancier. »

Son constat est grave et sans appel, mais est-il si exagéré de parler de « despotisme » lorsque la réduction d'un individu à une faute qu'il aurait commise est devenue la norme ? En France, Mehdi Meklat a été le patient zéro d'un lynchage en ligne en raison de vieux messages exhumés. Sa chute s'est accompagnée d'une humiliation publique et d'une litanie d'articles semblant sceller son avenir. Depuis, la liste des lynchés s'est fortement rallongée sans que les conséquences multiples de cette justice sommaire aient le temps de faire l'objet d'études universitaires.

---

1. Échanges par mail le 27 avril 2020.

Vivre ou survivre

La résilience, cette faculté de résister et de se reconstruire après un choc, est-elle aussi valable pour les naufragés de la Toile ?

Évadé du réel

La trajectoire de Mehdi Meklat le prouve. Si le web a longtemps été un refuge, c'est désormais hors ligne qu'on se met à couvert pour se reconstruire. Quand nous le rencontrons le 22 janvier 2020 dans un café du boulevard de Bonne-Nouvelle à Paris, il ne porte pas sa traditionnelle casquette. À vingt-huit ans, celui qui a grandi au cinquième étage d'un immeuble de Saint-Ouen donne le sentiment d'avoir réussi à surmonter cette épreuve. « Je me suis accroché à l'écriture, ça a été ma manière de vivre et de survivre, reconnaît-il d'une voix vive. Le travail et la mise en mouvement m'ont éloigné des petits éclats de l'actualité et aujourd'hui cette polémique est derrière moi. »

Malgré le poids des trois années écoulées, Mehdi Meklat se rappelle avec force détails ce jeudi 16 février 2017, le jour où il est « devenu radioactif ». Comme on l'a exposé dans le chapitre II, alors qu'il est en pleine promotion d'un livre, la découverte de ses « tweets haineux » par des internautes déclenche un tollé. Son nom fait soudainement la une des journaux et des bandeaux télévisés. Alors qu'il était invité à une projection à l'Élysée ou chez de prestigieux patrons de presse quelques mois plus tôt, il est désormais conspué. Ce sentiment de chaos contamine ses proches. Sa mère se met à craindre qu'il ne soit agressé dans la rue.

« Elle pensait qu'il y aurait des répercussions concrètes sur notre réalité, révèle Meklat. C'était une forme de fin du monde. Elle avait l'impression que son fils était au centre de la planète. »

Brillant disciple de Freud, le grand psychanalyste hongrois Sándor Ferenczi a théorisé le traumatisme comme un « choc inattendu, non préparé, écrasant, qui agit pour ainsi dire comme un anesthésique » et qui produit « l'arrêt de toute espèce d'activité psychique, joint à l'instauration d'un état de passivité dépourvue de toute résistance[1] ». C'est ce qui survient lors des lynchages en ligne où la violence de l'humiliation publique est amplifiée par son caractère indélébile. En février 2017, dans l'appartement de Montmartre qu'il partage avec son compère Badroudine Saïd Abdallah, Mehdi Meklat reste de longues heures déprimé et recroquevillé sur son lit. La commotion psychique anéantit tout sentiment de soi et toute capacité de réaction. Des amis conseillent au jeune auteur de changer de voie. « Ma vie, c'est l'écriture, c'est donc la pire chose que l'on pouvait me dire », maugrée-t-il. Sur une feuille, il griffonne des projets de reconversion, comme l'idée de devenir plombier. « J'ai réfléchi à des professions concrètes loin du tumulte puisque l'on m'a dit que ma vie d'avant ne serait plus possible, rapporte-t-il. Puis j'ai rapidement compris que ma passion c'était l'écriture, donc je devais continuer à l'exercer quoi qu'il arrive. » Dès les premiers jours, il se force à tenir un journal intime afin de conserver une trace de sa détresse.

---

1. Sándor Ferenczi, *Le Traumatisme*, Payot, 2006, p. 33-37.

Vivre ou survivre

Alors que tous les médias parlent de la controverse et que *Le Monde* lui consacre son éditorial[1], Mehdi Meklat s'envole pour Tokyo en compagnie de Badrou. Là-bas, le printemps a débuté, les cerisiers sont en fleur et son affaire n'existe pas. Il trouve refuge chez son ami Ramdane Touhami qui possède une maison à Kagurazaka, le « quartier français » de la capitale japonaise. Au moment de l'accueillir, ce fils d'ouvrier marocain, qui a fondé un empire du luxe, lui passe un savon avant de le prendre dans ses bras. Derrière les portes en papier de riz de cette maison traditionnelle, l'enfant du virtuel se rattache au réel et oublie les appels qui inondent son téléphone. « Je passais le plus clair de mon temps avec les fils de Ramdane, indique-t-il aujourd'hui. Je voyais que dans leur monde, cette tourmente ne comptait pas. »

Quand il revient à Paris en avril 2017, l'affaire a disparu des journaux, mais pas des esprits. Il est assailli de questions et de regards inquisiteurs lorsqu'il sort de chez lui. Au théâtre de l'Odéon, une hôtesse s'appesantit sur son nom au moment où il se présente pour retirer une invitation. C'est à ce moment-là qu'il se décide à prendre le large, une fois de plus avec Badrou, afin de raconter l'élection présidentielle autrement, dans un documentaire baptisé *Demain le feu* où il part à la rencontre des « petites vies tellement petites qu'elles n'apparaissent nulle part », comme les décrit Gérard Depardieu qui assure la voix off du film. Au contact de cette France des oubliés,

---

[1]. « L'affaire Mehdi Meklat, révélatrice de deux sociétés qui ne se rencontrent pas », art. cit.

La haine en ligne

un an avant la naissance du mouvement des Gilets jaunes, Mehdi Meklat opère son retour en tant qu'auteur. « Le documentaire m'a permis de renouer avec les vraies gens, décrit-il aujourd'hui. Ça m'a fait du bien de m'apercevoir que personne ne m'interrogeait là-dessus. » Son ange gardien Ramdane Touhami participe financièrement afin que ce film autoproduit puisse voir le jour[1].

La capacité à surmonter un traumatisme dépend souvent d'un phénomène interpersonnel, celui de pouvoir s'appuyer sur ceux que le célèbre neuropsychiatre français Boris Cyrulnik désigne sous l'expression « tuteurs de résilience ». « On est rarement résilient tout seul, confirme le psychologue Jacques Lecomte qui a consacré sa thèse à la résilience après une maltraitance infantile. Ceux qui surmontent ces épreuves ne sont pas des héros solitaires[2]. » C'est le rôle qu'a endossé Touhami. À la rentrée, alors que Mehdi Meklat se retrouve sans ressources après avoir tourné son documentaire, le franc-tireur du luxe le recrute comme magasinier pour la marque de soins qu'il a fondée. Durant quatre mois, l'écrivain empaquette des parfums et se fait oublier. Mais cela ne dure pas. Au début de l'année 2018, il signe un contrat chez Grasset, éditeur qui abrite aussi bien Bernard-Henri Lévy que Caroline Fourest. Olivier Nora, le patron de la maison aux célèbres couver-

---

1. Le film a été diffusé sur Internet le 30 avril 2020 et reste visible sur www.demainlefeu.fr.
2. Entretien le 24 avril 2020. Voir aussi Jacques Lecomte, *Guérir de son enfance*, Odile Jacob, 2010, chapitre I, p. 23-65.

Vivre ou survivre

tures jaunes, lui octroie une seconde chance. Le récit de sa mort sociale est publié sous le titre *Autopsie*[1]. C'est un premier retour à la vie. Il tient l'occasion de se défendre.

Quête de rachat

Quand on l'interroge sur sa capacité de résilience, Mehdi Meklat juge que ce sont ses proches, ceux qui ne lui ont pas lâché la main durant la tempête, qui lui ont permis de tenir. « C'est très fleur bleue de dire cela, mais sans leur amour, j'aurais sans doute sombré », affirme ce fan d'Abdellatif Kechiche. Et quand il songe à ses écrits impulsifs sur les réseaux sociaux, il pense avoir évolué. « Mon regard sur la vie a changé, confesse-t-il. Avant j'étais trop catégorique et un peu binaire. Aujourd'hui, j'évite d'avoir un esprit négatif et de porter un jugement définitif sur les gens. » Ce n'est pas le premier à se métamorphoser à l'aune d'un traumatisme. Président d'honneur de l'Association française et francophone de psychologie positive, Jacques Lecomte a plusieurs fois constaté qu'il s'accompagne d'une transformation comportementale. « Quand la vie va bien, on peut s'installer dans une sorte de routine, constate-t-il. Quand le fracas survient, j'ai pu observer des évolutions en matière de personnalité. Ces individus ont alors le sentiment de se connecter à leur personnalité profonde.

---

1. Mehdi Meklat, *Autopsie, op. cit.*

La haine en ligne

L'épreuve les a poussés à se remettre en question et à s'interroger sur eux-mêmes. »

La quête de rachat de Mehdi Meklat est aussi passée par la confrontation avec ceux qu'il avait voués aux gémonies sur les réseaux sociaux. Ainsi après avoir rencontré la journaliste du *Figaro* Eugénie Bastié, le jeune écrivain a pris un goûter chez Alain Finkielkraut, qu'il avait vertement injurié sur Twitter (« Il faut lui casser les jambes à ce fils de pute »). « J'ai été très surpris. En général, tous les gens qui m'insultent ne me téléphonent pas comme il l'a fait, sourit le philosophe. Je ne me donnais pas le droit de refuser une main tendue. Sans doute aussi parce que j'ai une tendresse particulière pour les réconciliations. Au cinéma, cela me fait toujours pleurer[1]. » L'auteur de *La Sagesse dans l'amour* lui communique l'adresse et le code d'entrée de son appartement parisien. L'ancien chroniqueur du Bondy Blog s'y rend. Il a acheté trois petits gâteaux pour l'occasion. Entre le fils d'immigrés polonais devenu académicien et l'enfant des HLM de Saint-Ouen érigé par les médias en porte-parole des banlieues, la discussion est spontanée et s'étale durant près de deux heures dans un grand salon tapissé de livres. « Il y avait une part de sincérité dans sa démarche, mais aussi une part d'opportunisme puisqu'il écrivait un ouvrage, relate Alain Finkielkraut. Reste qu'il a fait ce geste et qu'il s'est montré tout à fait aimable au cours de cet entretien, même si je n'ai pas été convaincu

---

1. Entretien le 23 avril 2020.

Vivre ou survivre

par toutes ses explications. Je ne regrette pas cette rencontre. » Quand il compare leurs situations, le philosophe, rodé aux polémiques, estime qu'il a pu se défendre, contrairement à son jeune cadet. « J'ai été menacé de mort sociale moi aussi, des pétitions ont circulé pour demander mon exclusion de France Culture ou de Polytechnique, ça a été très violent. Mais aussitôt, des micros se sont tendus, j'ai pu donner ma version des faits et j'ai pu me battre. Peut-être serais-je tombé en dépression si au moment de ma condamnation, j'avais été voué au silence comme lui. »

De son côté, l'écrivaine Virginie Despentes est admirative de la renaissance de l'ex-enfant prodige du Bondy Blog. « En février 2017, je lui ai écrit très vite parce que je me sentais proche de lui à ce moment-là, confie l'autrice. Je sais que ça fait du bien que des gens te disent que ça passe. Et c'est vrai que ça passe. Au bout d'un moment, en fait, il n'y a que toi qui te souviens de ce qui s'est passé. Je n'étais pas convaincue qu'il pourrait surmonter cette épreuve, mais en se basant sur ce qu'a traversé Britney Spears en 2007[1], on peut se dire qu'il est humainement possible de surmonter à peu près n'importe quoi. J'ai lu les textes courts qu'il a publiés sur Instagram chaque jour pendant le confinement. J'ai regardé son documentaire. Je suis contente qu'il continue de travailler. Ça m'intéresse de plus en plus, même, ce qu'il fait.

---

1. Durant cette année noire, la chanteuse a enchaîné cures de désintoxication, apparition calamiteuse sur scène et frasques en une des tabloïds.

Et je crois, oui, que ça lui a donné du sérieux et de l'épaisseur d'être passé par là[1]. »

Son histoire va même être adaptée au cinéma. Laurent Cantet, cinéaste sensible aux fractures sociales, a décidé de s'en emparer. Son prochain long métrage racontera la chute d'un espoir de la littérature que le Tout-Paris s'arrache et dont on exhume un jour les messages postés par son alter ego numérique. Dans le générique, il devrait être mentionné que le film est « librement inspiré de la vraie histoire de Mehdi Meklat ». « On s'est rencontrés et on a discuté, révèle l'intéressé. Il m'a dit que ce qui l'a touché dans mon histoire comme dans celle de Mennel, c'est la rapidité de [leur] chute et la fragilité de [leur] parcours. »

« Je suis celle que j'ai décidé d'être »

Un an après Mehdi Meklat, Mennel Ibtissem a connu, elle aussi, un lynchage en ligne suite à la découverte de messages Facebook jugés complotistes. En février 2020, lors de notre dernière rencontre, la jeune chanteuse arrive essoufflée sous la Canopée en verre du Forum des Halles. Les cheveux détachés, elle traîne deux bagages et un violoncelle dans son sillage. Installée devant un thé, elle exhume son journal intime. En relisant les notes dédiées à son éviction de *The Voice*, la chanteuse a la sensation de « faire un bon de dix ans en arrière ». « Ça me semble tellement loin, s'émeut-elle en tournant les pages. J'ai

---

1. Échanges par mail, le 12 mai 2020.

l'impression que ma vie s'est plus enrichie en deux ans qu'en vingt ans d'existence. J'ai fait des choses que je n'aurais jamais osé faire avant. Ma résilience fait de moi une personne plus forte. »

Ce jour-là, Mennel a pris une autre décision « méga-importante », celle de s'afficher sans ce turban qui a cristallisé l'attention des réseaux sociaux lorsqu'elle a interprété *Hallelujah* de Leonard Cohen devant six millions de téléspectateurs le samedi 3 février 2018. Vêtue d'une chemise à fleurs et d'un pantalon beige, elle s'est fait photographier quelques heures plus tôt dans les rues du XVIe arrondissement, en laissant pour la première fois apparaître sa longue chevelure brune. « C'est une manière de me détacher de tout ce que les gens peuvent projeter sur moi, se justifie-t-elle. Je ne suis pas un turban, je ne porte pas des idées politiques ou religieuses, je ne véhicule pas des stéréotypes. Je ne suis pas un cliché. Je suis celle que j'ai décidé d'être. C'est-à-dire Mennel, la fille qui a toujours grandi avec l'amour de la musique, qui aime profondément les gens, et souhaite partager avec eux sa passion. » Survivre à un lynchage en ligne relève souvent d'un parcours sinusoïdal, tant l'impact psychotraumatique demeure fort et durable. « Se remettre d'une situation de grande violence est un processus qui comporte des hauts et des bas, confirme Jacques Lecomte. La résilience n'est pas un statut ou un état stable et définitif. » C'est pour raconter ce parcours que j'ai interviewé Mennel à quatre reprises en l'espace d'un an[1].

---

1. Entretiens le 5 juillet 2019 et les 29 janvier, 9 février et 28 avril 2020.

La haine en ligne

La jeune chanteuse a traversé une dépression. La polémique venue, l'effet de sidération est tel que Mennel ne parvient plus à dormir ou à s'alimenter. Elle perd cinq kilos en l'espace de quelques semaines. « J'ai pris tellement de coups que je n'avais plus goût à rien, confie-t-elle. J'étais prostrée dans ma chambre, comme une loque. Je ne savais plus comment récupérer ma joie ou mon enthousiasme. » Son exclusion de *The Voice* est d'autant plus douloureuse à accepter qu'elle s'était hissée jusqu'en finale et qu'un contrat avec un label d'Universal lui avait été promis. Lorsqu'elle est renvoyée chez elle, Mennel est mortifiée. Elle a l'impression de voir ses rêves réduits en cendres. Depuis l'âge de six ans et l'achat d'un piano-jouet par ses parents, la musique conditionne sa vie. « Avant cette polémique, tout était simple, j'avais l'impression de flotter. Depuis, tout a été rendu difficile », relate-t-elle.

La résistance à un lynchage dépend souvent de l'environnement social ou familial de la personne qui en est victime. En la matière, Mennel s'est retrouvée fort dépourvue. Avant même que les réseaux ne s'embrasent, sa mère se désolidarise de sa fille lorsqu'un voisin vient les féliciter pour sa performance sur scène. « Ma mère pensait que c'était *Les Anges de la téléréalité*, j'avais beau lui dire que je ne serais pas en bikini sur la plage, elle était contre l'idée de se mettre en scène, regrette Mennel. Lorsque la polémique a éclaté, ma famille s'est retournée contre moi et m'a dit que je n'aurais jamais dû participer à une émission de divertissement, que c'était contraire à nos valeurs. » Des amis lui tournent également le dos. « On parlait tellement de moi qu'ils ont pris peur et qu'ils ont supprimé nos photos communes, se souvient-elle. J'avais l'impression de ne pouvoir compter sur personne. Aujourd'hui, je sais qu'aucun être humain sur terre n'aurait pu apaiser ma peine. Quand tu vis un lynchage comme ça, ton cœur est en mille morceaux. »

Durant les premiers mois, Mennel est tourmentée par des douleurs physiques pénibles et incessantes. Elle alterne rendez-vous chez des sophrologues et des ostéopathes sans parvenir à se libérer de cette charge émotionnelle. « Je me répétais : "Il faut que j'aille mieux, il faut vraiment que j'aille mieux", se remémore-t-elle. Pour cela, dès que mon cerveau voulait y penser, je l'en empêchais. » En psychologie, on parle d'évitement pour désigner cette stratégie naturelle d'adaptation à une situation de stress post-traumatique. « Face à un traumatisme, on cherche à fuir ce qui nous fait souffrir, observe Benjamin Putois, docteur en sciences cognitives et psychothérapeute clinicien qui a travaillé sur les cauchemars. Quand vous avez vécu des choses horribles, vous ne voulez pas en parler, vous mettez ça au placard. C'est un mécanisme de défense. Mais plus vous enfermez vos démons, plus ils tapent fort contre le mur. Cela génère des souvenirs incessants, des tourments, des flash-backs et cela peut produire de la fatigue et de l'hypertension neurovégétative[1]. » Mennel connaît tous ces syndromes et n'échappe pas à un songe récurrent. Chaque nuit ou presque, elle rêve que

---

1. Entretien le 21 février 2020.

la production de l'émission la recontacte : « Ils me disaient qu'ils s'étaient trompés et qu'il fallait que je revienne. C'était horrible ! »

Cette épreuve la prive de toute perspective professionnelle. Pour participer à la septième saison du télé-crochet de TF1, elle avait lâché un poste d'enseignante au collège ainsi qu'un job d'animatrice en école primaire. « Comme j'avais gagné les épreuves et que tout était enregistré, je pensais que je pouvais quitter mon boulot, soupire-t-elle. D'un seul coup, je me retrouvais sans argent ni rien. Des fois, je m'asseyais dans ma chambre et je me disais : "Mais tu fais comment pour survivre à tout cela ?" »

Depuis le début de l'année 2019, Mennel vit seule avec son père dans une commune nichée sur les rives du Doubs au nord de Besançon. La chanteuse est la troisième d'une fratrie de cinq filles. Sa mère, couturière, est née à Oran, en Algérie. Son père, commerçant, est originaire d'Alep, en Syrie. Ils ont grandi ensemble dans des cités HLM. Dans les années 1990, son père a construit une maison en périphérie de Besançon après en avoir dessiné les plans. Situé sur les hauteurs de la ville, le pavillon détonne dans le lotissement avec ses murs bleu azur et le long balcon blanc qui l'enlace. C'est là que Mennel se reconstruit. Dans sa chambre mansardée, elle apprend des langues nouvelles (le mandarin, le suédois) et passe son temps auprès d'animaux. « Avec eux, il n'y a pas de jugements et ça m'a fait beaucoup de bien, confie-t-elle. On pourrait croire que l'on éduque un animal, mais on s'éduque soi-même, j'ai appris à retrouver confiance en moi. » Tous les matins, elle ravitaille bénévolement en eau et en foin les chèvres et les chevaux qui paissent dans un pré en contrebas. L'après-midi, elle se rend au centre équestre où elle possède une jeune jument à la robe champagne. « J'ai fait beaucoup d'introspection et je pense que la résilience est venue naturellement au cours de cette reconstruction. On m'a conseillé plusieurs fois d'arrêter la musique mais je crois que c'est maintenant que je suis plus forte et libérée de mes traumas que je me dois de poursuivre », insiste-t-elle.

En mars 2020, la semaine de vacances qu'elle avait prévue sur l'île portugaise de Madère s'est prolongée durant deux mois en raison du confinement. Sur cette île volcanique isolée au large du Maroc, la chanteuse a trouvé son *ikigai* (« raison d'être », en japonais). « La musique était la réponse à toutes mes interrogations, jubile celle qui après avoir appris le piano et le violon s'est mise au violoncelle. C'est à la fois ma passion, ma mission, ma vocation et ma profession. » Pour le psychologue Jacques Lecomte, trouver un sens à sa vie est une étape indispensable. « Le déclic, c'est lorsque la personne passe du "Pourquoi ?" au "Pour quoi ?" La première interrogation consistait à tenter de trouver du sens au passé, la seconde consiste à se projeter et créer du sens pour l'avenir. »

Si les cauchemars et les crises d'angoisse semblent aujourd'hui derrière elle, la jeune chanteuse compte bien faire de sa survie le thème central de son futur album qui devrait s'intituler *Heal* (« guérir » en français), et qu'elle espère sortir en 2021. « Je veux que ce soit un disque thérapeutique, je raconterai toutes les étapes d'une renaissance. » Et lorsque le doute revient, elle songe à l'exemple de la célèbre romancière anglaise J. K. Rowling qui a essuyé douze refus avant qu'une maison d'édition ne daigne s'intéresser à son *Harry Potter*. « Ma musique est consubstantielle à mon identité, assure Mennel. J'ai connu des difficultés, j'ai cristallisé malgré moi des conflits sociopolitiques, mais je suis debout et j'ai survécu. Aujourd'hui, quand je me vois, je me dis que je n'ai pas le droit de me lâcher la main, sinon je vais le regretter toute ma vie. »

Suivie par près de trois cent mille personnes sur Instagram et deux cent mille sur Facebook, Mennel a cicatrisé ses plaies et poursuit sa route sans manager ni attaché de presse. Soutenue par cette communauté de fidèles, l'ancienne candidate de *The Voice* semble armée face aux critiques. Et lorsqu'en février 2020, elle se fait de nouveau lyncher sur Instagram après sa décision de retirer son turban, la chanteuse réplique en publiant une simple photo où on la voit sourire, accompagnée d'un texte. « Les paroles blessantes s'envolent et les mots bienveillants se mélangent, écrit-elle. Je ne m'abaisserai jamais au niveau qui n'est pas le mien. Et je garde ce sourire, celui qui vous dit : "Je suis fière d'être qui je suis et si cela n'est pas suffisant alors je n'ai rien d'autre à offrir." »

Modèle de survie

S'il existe des guides pour la survie en haute montagne ou en territoire zombie, on n'en recense aucun qui expliquerait comment surmonter un lynchage en ligne. Il faut se tourner vers les livres et les sites dédiés à la reconstruction après un traumatisme pour trouver des pistes. Mais là encore, point de modèle miracle. On dénombre autant de chemins de résilience que l'on compte d'être humains, comme le résume le psychologue Jacques Lecomte. « J'ai été frappé de voir qu'à partir de situations relativement proches, il pouvait y avoir des parcours de résilience extrêmement différents, analyse-t-il. Certains vont entamer une pratique artistique, d'autres lire des romans. Il y a des personnes qui vont choisir de fonder un foyer ou bien encore de donner un sens à leur douleur en se mettant au service des autres. » Et si Mennel Ibtissem ou Mehdi Meklat ont fait le choix d'endosser un rôle médiatique qui génère souvent un flot de critiques sur les réseaux sociaux, d'autres sont happés alors qu'ils n'étaient pas du tout préparés à un tel bouleversement existentiel. Comment des inconnus se remettent-ils d'une telle dégradation publique ? L'histoire de celui qu'Internet gardera en mémoire sous le nom de « Star Wars Kid » est révélatrice à cet égard.

En 2013, dans les colonnes d'un magazine québécois, il apparaît serein et déterminé dans un costume bleu foncé. Dix ans après avoir été tourné en ridicule par le monde entier, Ghyslain arbore le regard des gens qui ont réussi à traverser l'épreuve du feu. S'il a accepté de sortir de cette décennie de silence à l'âge de vingt-cinq ans, c'est pour donner un motif d'espoir aux victimes qui en viennent à songer au suicide. « Il faut apprendre à surmonter l'obstacle et continuer à avancer, enseigne-t-il au cours de cette interview. Ça peut être d'un pouce, mais l'important, c'est d'avancer[1]. »

Victime de l'un des premiers cyber-harcèlements planétaires, le jeune Québécois est bien placé pour donner des leçons de résilience. Son histoire débute en novembre 2002. Alors âgé de quatorze ans, il se filme en train de reproduire un combat au sabre laser dans le studio de son école. L'enregistrement en 8 mm s'ouvre pendant qu'il fouette l'air avec un récupérateur de balles de golf afin d'imiter l'épée à doubles lames de Dark Maul, le seigneur Sith de *Star Wars*. Il oublie de rapporter la cassette chez lui et quelques mois plus tard, en avril 2003, quatre camarades de classe la découvrent sur une étagère du local. Ils décident alors de la numériser et de la mettre en ligne sur Kazaa, un réseau de partage de fichiers (peer-to-peer) particulièrement populaire à l'époque sur Internet. Des milliers d'internautes s'en emparent. Des graphistes et développeurs ajoutent des effets sonores et visuels dignes d'un film de science-fiction. « Je savais que j'avais des ennuis parce que, eh bien, ce n'était pas exactement un chef-d'œuvre d'arts martiaux, concède Ghyslain. Mais à ce moment-là, la vidéo n'avait encore été visionnée principalement qu'au Québec. »

---

[1]. Jonathan Trudel, « Star Wars Kid brise le silence », *L'Actualité*, le 8 mai 2013. Toutes les citations de Ghyslain proviennent de cet entretien. Contacté par mail, Ghyslain nous a répondu qu'il ne souhaitait pas s'exprimer de nouveau. J'ai fait le choix d'anonymiser son nom et son lieu de résidence. Son avocat, François Vigeant, s'est exprimé à sa place.

Vivre ou survivre

Internet le juge ridicule et l'affaire prend une ampleur internationale lorsque le *New York Times* consacre un article entier aux réactions que la vidéo suscite en ligne[1]. Une armée de journalistes étrangers fait alors le pied de grue devant chez lui afin d'obtenir une interview. Aux yeux de la planète, il devient « Star Wars Kid ». « Il faut bien comprendre qu'à l'époque, on parlait de dizaines de millions de vues par jour, s'émeut l'avocat de Ghyslain, François Vigeant. Le sujet était plus évoqué sur Internet que le pape ou Pamela Anderson. Et pas toujours de manière très flatteuse. Les parents de Ghyslain étaient très peinés que leur fils soit contraint d'endurer tout cela[2]. » À la maison, jour et nuit, le téléphone ne cesse de sonner.

En 2006, la BBC rapporte que cette vidéo virale est devenue la plus visionnée d'Internet. Sa diffusion coïncide avec l'arrivée du haut débit aux États-Unis et l'explosion des sites de partage de vidéos comme YouTube. Avec son pantalon kaki et sa chemise à rayures, Ghyslain entre dans la culture populaire d'Internet et devient l'objet d'un nombre incalculable de parodies dans les séries américaines les plus renommées (*South Park*, *American Dad!* ou bien encore *Les Griffin*). « Vous ne pouvez pas imaginer les invitations que l'on a refusées, se remémore François Vigeant. Tous les talk-shows de la planète le voulaient ! David Letterman, Jay Leno, Oprah Winfrey,

---

1. Amy Harmon, « Compressed Data; Fame Is No Laughing Matter for the "Star Wars Kid" », *The New York Times*, le 19 mai 2003.
2. Entretien le 22 avril 2020.

La haine en ligne

tous l'ont invité ! Ghyslain a écarté des ponts d'or car il voulait protéger sa famille. »

Quand il retourne au collège, des élèves montent sur des tables pour le vilipender et ses copains se détournent de lui. Et lorsque la vidéo dépasse le milliard de vues, personne ne semble prendre la mesure de son calvaire. Son père téléphone à l'école et à la police, mais ces institutions lui répondent qu'elles ne peuvent agir. L'ado est contraint de quitter son collège. « Pour des raisons pécuniaires, la direction a préféré se débarrasser de l'étudiant victime plutôt que de sanctionner les quatre fautifs, regrette son avocat. Le problème, c'est qu'il n'a retrouvé aucun établissement pour l'accueillir. Il suffisait que Ghyslain passe ne serait-ce que vingt minutes incognito pour un entretien pour que des élèves le reconnaissent et que ça devienne ingérable. »

Ses parents poursuivent en justice les adolescents qui ont mis en ligne la vidéo originale, et obtiennent cent soixante mille dollars de dommages et intérêts. Ghyslain se retranche chez lui et se met à suivre des cours à domicile. Il ne retourne au lycée qu'au cours de son année de terminale. « Au pic de son cyber-harcèlement, il était très serein, assure François Vigeant. Ghyslain avait une sorte de force morale qui lui a permis de traverser ce que peu d'adolescents auraient réussi à faire. Alors que toute sa famille était effondrée, il leur disait : "Ne vous inquiétez pas, on va s'en sortir." C'est vraiment une personne d'un courage hors norme. »

Tandis que des internautes cruels continuent de le persécuter et de lui dire qu'il est la « lie de l'humanité » et qu'il « doit se suicider », l'adolescent ne sombre pas. Cet autodidacte se réfugie dans la littérature et les livres d'histoire. « Il s'est concentré sur le fait qu'il n'était pas responsable de ce qui lui arrivait, relate François Vigeant. Souvent les victimes vont culpabiliser et avoir honte. Ghyslain regrettait la peine que cela faisait à ses parents, mais il a décidé que cet épisode ne serait pas important dans sa vie, que ce n'était qu'un détail et qu'il n'avait donc pas à se préoccuper des insultes qu'il essuyait. » La vidéo le poursuit durant toute sa scolarité, mais le jeune homme s'accroche et finit avec un diplôme en droit de l'université McGill, l'une des facultés les plus prestigieuses et les plus sélectives du Canada. Ghyslain décroche ensuite le poste de conservateur d'un important musée de sa ville natale. « Je n'ai pas rencontré une personne comme ça en trente-quatre ans de carrière, s'enthousiasme son ancien conseil. Il ne s'est jamais plaint de ce qui lui arrivait. Et le plus impressionnant, c'est qu'il n'a gardé aucune rancœur, même à l'encontre des quatre garçons qui lui ont fait cette mauvaise blague. Il ne trouvait pas ça constructif. » Il a préféré conserver les bons souvenirs liés à cette affaire, comme ce jour où un volumineux colis a été livré chez son avocat. « C'était une énorme boîte avec toutes les figurines de *Star Wars* accompagné d'une lettre de George Lucas, le père de la saga, nous apprend son conseil. On pouvait y lire : "On regrette ce qui est arrivé à Ghyslain, nous sommes de tout cœur avec lui. On lui souhaite bon courage." »

Désormais en paix avec lui-même, Ghyslain a su transformer cette douloureuse expérience en une leçon universelle à l'attention de toutes les victimes de cyber-harcèlement. Dans sa dernière interview, le jeune Québécois adressait un message d'espoir à celles et ceux qui comme lui sont aujourd'hui dans la tourmente : « Vous n'êtes pas seuls, prêchait-il. Plein de gens vous aiment autour de vous. Il faut surmonter la honte et accepter qu'ils vous aident. » Malheureusement, tout le monde n'y parvient pas.

Des conséquences dramatiques

Le mercredi 1er avril 2020, en plein confinement en France, Élyse, une ado de seize ans, s'est suicidée en sautant du quatrième étage d'un immeuble du Havre. Ce jour-là, la jeune fille brune a enjambé le balcon de l'appartement familial, jeté un dernier regard vers sa mère puis s'est laissée tomber. Une enquête de police a été diligentée. Grièvement blessée, Élyse est morte malgré les massages cardiaques tentant de la ramener à la vie. « Ça a duré à peine dix secondes, je n'ai pas eu le temps de réagir, raconte aujourd'hui sa maman d'une voix tremblante[1]. Elle m'a jeté un regard qui semblait vouloir me dire qu'elle était désolée, puis elle a sauté. Il y avait du désespoir dans ses yeux, elle a vraiment cru qu'elle n'avait plus aucune issue. »

Dans sa chambre, la jeune fille a laissé un mot expliquant son geste : « Un dernier sourire, une dernière respiration et me voilà plongée dans le paradis

---

1. Entretien le 27 juin 2020.

ou l'enfer. Aujourd'hui si vous lisez cette lettre c'est que je ne suis plus là. Je suis désolée de vous abandonner comme ça du jour au lendemain. Je n'arrive plus à me raisonner, à avoir un sourire. J'aimerais qu'à mon enterrement, tout le monde soit habillé en blanc. Ne pleurez pas. Et je voudrais vous demander une dernière chose. Prenez soin de ma mère et de mon petit frère. Eux m'ont poussée à rester et à ne pas faire de bêtises. » Selon sa mère, Élyse a été victime d'une campagne de cyber-harcèlement après avoir envoyé une photo dénudée à l'un de ses camarades. À la manœuvre, des comptes dits « ficha » (ou « fisha ») derrière lesquels on trouve des internautes sadiques s'amusant à diffuser des photos et vidéos à caractère sexuel majoritairement de jeunes filles[1], sans leur consentement, afin de les « afficher » sur la place publique. Le nom de la victime, son adresse et son établissement scolaire accompagnent souvent la publication. « Élyse était une fille fragile psychologiquement et elle n'a pas supporté de voir une de ses photos intimes circuler, déplore sa mère. Un peu plus tôt dans cette journée du 1er avril, j'ai senti qu'il s'était passé quelque chose sur Snapchat et je lui avais demandé de me montrer son téléphone. Elle a refusé et s'est murée dans le silence. Sans doute parce que ça touchait à sa sexualité. »

---

1. L'envoi de *nudes*, c'est-à-dire de photos érotiques, est devenu une pratique courante de la séduction adolescente. Voir cette enquête : Sarah Andersen, Ulysse Bellier, Pauline Blanc, Claire Commissaire, Sébastien Grob, Clara Marchaud, Marilou Therre, Paul Turban et Pauline Verge, « Le revenge porn, pratique "banale" et hors de contrôle chez les élèves », lemonde.fr, le 3 mars 2020.

La haine en ligne

Élyse est loin d'être un cas isolé. En France, 40 % des élèves disent avoir été victimes d'une agression ou méchanceté en ligne, selon les derniers chiffres de l'Éducation nationale[1]. Alors que plus d'un élève sur dix fait face au harcèlement scolaire, cette violence se poursuit souvent sur les réseaux sociaux devenus une vaste cour de récréation virtuelle. En 2017, un baromètre de Santé publique France indiquait que la majorité des tentatives de suicide avaient lieu avant l'âge de vingt-cinq ans, et c'est entre quinze et dix-neuf ans que la proportion de suicidants est la plus importante, avec 30,1 % de femmes concernées et près de 19,5 % d'hommes[2]. C'est auprès de cette jeune population que les conséquences des lynchages en ligne sont les plus dramatiques.

Angélique Gozlan est docteure en psychopathologie et psychanalyse. En 2019, elle a connu la douleur de perdre l'un de ses jeunes patients. « Son harcèlement a débuté au collège et il s'est poursuivi sur les réseaux sociaux, développe-t-elle. Il était moqué parce qu'il était un peu plus frêle que la moyenne de ses camarades. Grâce à l'aide de l'équipe pédagogique, on a réussi à le protéger et à le soutenir jusqu'à son passage en classe de seconde au lycée. Il changeait de ville, d'établissement et de camarades de classe. Il nourrissait énormément d'espoir. Il pensait que son cyber-harcèlement allait s'arrêter et qu'il

---

[1]. Chiffres donnés sur le site www.nonauharcelement.education.gouv.fr.

[2]. Christine Chan-Chee et Enguerrand du Roscoät, *Suicide et tentatives de suicide. Données épidémiologiques récentes*, Santé publique France, n° 3-4, 5 février 2019.

pourrait "repartir de zéro". Il a passé un super été, mais à la rentrée scolaire, son harcèlement a repris au bout de seulement deux jours sur Snapchat et Twitter. Quelqu'un de sa classe a été prévenu des moqueries qu'il avait subies et il a relancé la rumeur au lycée. Mon ado ne l'a pas supporté, ça l'a anéanti. Après les cours, sur le chemin du retour, il s'est jeté sur les rails du métro. Il allait avoir seize ans[1]. »

Autrice de l'une des premières thèses en France sur l'enjeu psychique des réseaux sociaux, Angélique Gozlan a mené une enquête de terrain auprès de deux cents ados, de toutes classes sociales, un peu partout sur le territoire. Elle a constaté que cette population était particulièrement vulnérable aux violences en ligne puisqu'elle est en pleine construction identitaire et affective. Au cours de cette période, l'adolescent s'émancipe du regard de ses parents et cherche plutôt auprès de ses copains ou copines la valorisation de son identité. « Les adolescents ont besoin d'être regardés et reconnus aussi sur les réseaux sociaux qui leurs permettent de se montrer et d'avoir un retour sur eux-mêmes, observe-t-elle. Il y a une réactivation du "stade du miroir" à l'adolescence, une période de développement psychologique où l'enfant, entre six mois et un an et demi, va apercevoir son image dans la glace et se reconnaître. C'est là que se forment les prémices du moi. »

Véritable phénomène de société, le cyber-harcèlement est très difficilement repérable pour les institutions scolaires. « Il y a une distance énorme entre les élèves et nous sur ce genre de questions, témoigne sous

---

[1]. Entretien le 24 juin 2020.

couvert d'anonymat un professeur d'un lycée du Nord. Il y a un gouffre générationnel dans les usages. Ils n'utilisent plus de mails par exemple et j'aurais même tendance à croire que plus des adultes sont présents sur un réseau social, plus ils ont tendance à le déserter. Facebook est le réseau des vieux. Ils ont parfois un compte, mais qui a été créé pour un projet pédagogique : leur vie numérique est ailleurs. C'est donc très difficile pour nous de repérer les signaux faibles et de savoir quand un élève est harcelé[1]. »

L'enjeu est de taille quand on sait que la plupart des enfants possèdent un téléphone portable dès le collège. Les réseaux sociaux sont devenus un prolongement de leur vie amicale, sociale ou affective. Sur le web, identité virtuelle et identité propre se confondent. Leur popularité en ligne conditionne leur confiance en eux. Face à ces nouvelles problématiques, le corps enseignant, qui n'y est que peu formé, paraît bien démuni. « Il y a une partie de la construction du moi adolescent qui se passe sur les réseaux sociaux et c'est la raison pour laquelle ils sont aussi sensibles aux violences numériques, précise Angélique Gozlan. La victime a le sentiment de ne plus avoir d'espace pour échapper aux humiliations qui ont lieu puisqu'elles sont affichées sur la place publique. »

Justine Atlan, directrice générale de l'association e-Enfance qui gère la ligne nationale d'aide aux victimes de harcèlement Net Écoute[2], avoue être dépas-

---

1. Entretien le 24 juin 2020.
2. Via une ligne téléphonique (0 800 200 000, service et appel gratuits) et le site netecoute.fr.

sée par un phénomène qui nécessiterait davantage de ressources des pouvoirs publics. Avec sa petite douzaine d'employés, son équipe recueille en moyenne plus de soixante appels par jour et plus de vingt mille par an. « Quand les ados nous téléphonent, ils sont très mal, décrit-elle. Il y a toujours eu des tentatives de suicide mais Internet a considérablement amplifié le phénomène. Quand la victime a le courage d'appeler à l'aide, c'est souvent qu'elle ne trouve plus aucune échappatoire. Nous sommes leur dernier recours, alors qu'ils ont le sentiment de vivre une véritable lapidation publique[1]. »

Vers un nouvel usage des réseaux

Justine Atlan est convaincue que l'on viendra à bout de la violence en ligne en posant les bases d'une nouvelle éducation au numérique à l'école et dans les familles. « Pour de nombreux risques comme la drogue, l'alcool, les sorties en discothèque, les parents ont su prodiguer de bons conseils à leurs enfants car ce sont des expériences qu'ils ont vécues, commente la directrice de l'association e-Enfance. En ce qui concerne le numérique, ils sont défaillants parce que cet usage est nouveau dans l'histoire de l'humanité. Malheureusement, les enseignants ne peuvent pas prendre le relais car ils sont souvent aussi perdus. Il y a donc urgence à transmettre les bonnes pratiques. »

---
1. Entretien le 23 juin 2020.

La haine en ligne

En attendant que les pouvoirs publics prennent la pleine mesure de ce fléau, la comédienne Marion Seclin mise sur la responsabilisation individuelle. Le 3 novembre 2017, pour sa conférence TED, elle surgit en jean et baskets au centre d'un cercle rouge afin de raconter le calvaire qu'elle a enduré durant deux ans. Plutôt que d'apparaître comme une victime, elle se présente avec un grand sourire comme la « championne de France... du cyber-harcèlement » devant une salle Pleyel bondée[1].

Qu'a-t-elle fait pour mériter un tel lynchage, se demande alors le public ? Le 18 mai 2016, cette militante féministe publie une vidéo revenant sur les préjugés les plus répandus sur le harcèlement de rue pour le site MadmoiZelle. Après avoir illustré avec humour la non-réciprocité des rapports de séduction dans l'espace public, Marion Seclin regrette que l'on trouve encore trop facilement des excuses aux harceleurs alors qu'on couvre de reproches les victimes (« Mais tu étais habillée comment aussi ? », « C'est pas bien méchant »...). Des milliers d'internautes se mettent alors à l'agonir d'insultes et de menaces en lui reprochant de remettre en cause la drague. Elle dénombre plus de quarante mille messages avant d'arrêter de compter. La jeune femme reçoit aussi des mots anonymes dans sa boîte aux lettres et se fait interpeller dans la rue. Loin de bénéficier du secours qu'elle serait en droit d'attendre, la vidéaste vit une véritable mort sociale. Ses soutiens sur le web se font

---

[1]. Mymy, « Marion Séclin [*sic*] dénonce le cyber-harcèlement, et fait changer les mentalités », madmoizelle.com, le 4 décembre 2017.

porter pâles alors que plusieurs marques avec qui elle a l'habitude de collaborer décident de la lâcher, considérant que cette vidéo de sensibilisation est une « casserole ». « On a peur d'un bad buzz si on continue à travailler avec », s'entend répondre son agent. Dans son petit appartement du XIe arrondissement de Paris, Marion Seclin broie du noir. « Un jour sur deux, j'ai envie de crever. L'autre, de tout exploser », confie-t-elle à des proches.

Un an plus tard, elle trouve cependant la force de s'exprimer publiquement sur ce qu'elle a vécu. Debout seule sur scène, sans notes ni pupitre, Marion Seclin décide de transformer tous ces flots de violence en une leçon de bienveillance. « Je n'ai pas le temps, ni l'énergie, ni les moyens de porter plainte contre quarante mille pseudonymes ! » s'exclame-t-elle avant de revenir sur les réflexions anachroniques qu'elle a trop souvent entendues au cours de cette traversée du désert (« Internet, ce n'est pas la vraie vie » ou bien encore « il suffit de les ignorer »), comme si le simple fait de fermer son navigateur permettait de mettre sur pause les conséquences psychiques de ces vagues de haine.

Et puisque Internet se confond avec la vraie vie, Marion Seclin raconte que de la même manière que l'on peut tous se faire harceler en ligne, on peut tous « participer à un harcèlement même si c'est qu'une fois et même si nous, on a de très bonnes raisons de le faire ». Alors que la *cancel culture* et l'irréprochabilité morale sont devenues hégémoniques sur les réseaux sociaux, la comédienne confie : « Ça m'est déjà arrivé d'envoyer un commentaire malveillant et insultant à quelqu'un avec lequel je n'étais profondément pas d'accord. Je pensais que parce que je défendais des avancées sociales, j'avais le droit de l'insulter, mais on ne peut pas vouloir changer les comportements et les mentalités et recourir aux mêmes armes que ceux qui nous attaquent. »

À la fin de sa conférence, Marion Seclin insiste sur le fait que l'on a tous le pouvoir de changer le climat qui règne sur Internet. Elle dit même avoir trouvé un remède pour lutter contre le cyber-harcèlement : le cyber-amour. « Si autant de gens, sans se donner le mot, se sont ligués contre moi, ont eu un impact aussi puissant et négatif sur ma vie, imaginez l'impact de commentaires positifs, s'enthousiasme la vidéaste. Si on réussit individuellement à générer des vagues de haine, logiquement, on pourrait générer des vagues d'amour, de soutien, de bienveillance [...] Je ne vous propose pas de devenir des soldats du bien, mais de prendre l'habitude de communiquer votre satisfaction en ligne, votre amour pourquoi pas, et puis de laisser un commentaire constructif même s'il est négatif. Si on crie plus fort notre satisfaction, on n'entendra plus ceux qui crient leur haine, on fera trop de bruit. »

On pourrait répondre qu'il s'agit d'un vœu pieux et que le climat actuel ne prête guère à l'optimisme. Il faut se rendre à l'évidence : nous traversons l'âge des foules déchaînées. Les réseaux sociaux brassent une violence que les pouvoirs publics peinent à endiguer. L'enjeu est civilisationnel et réclame que les géants du web en appellent davantage à des valeurs d'empathie ou de solidarité plutôt qu'à nos affects tristes. Le fait d'avoir grandi avec Facebook, Twitter ou Instagram laisse parfois penser que ces moyens de communication sont des institutions immuables[1]. Il n'en est rien. Il est grand temps que ces plateformes réfléchissent à des fonctionnalités permettant aux utilisateurs de corriger leurs messages plutôt que de les traîner de manière inextinguible[2]. En attendant, il reste beaucoup de choses à imaginer individuellement et collectivement pour faire reculer cette violence. À commencer par refuser de céder aux sirènes des lynchages ou de la négativité. Nous n'en sommes qu'aux prémices de nos vies connectées et tout le monde peut participer à ce changement de paradigme afin que le spectre de la mort sociale qui plane aujourd'hui au-dessus des réseaux se dissipe et que le web redevienne le formidable outil de conversation qu'il était à ses débuts.

---

1. Sherry Turkle, *Seuls ensemble. De plus en plus de technologies, de moins en moins de relations humaines*, L'Échappée, 2015, p. 452.
2. Nick Punt, « De-Escalating Social Media », nickpunt.com, le 2 juillet 2020.

Épilogue

La marée de la violence en ligne monte inexorablement, recouvre les conversations apaisées, emporte dans son courant la société tout entière et ne semble pas près de redescendre. Chaque jour, cette haine gagne du terrain et surprend par la pluralité de ses avatars et de ses motifs d'indignation. Le stade de l'alerte est dépassé. Il suffit de se pencher sur les réactions suscitées par une émission aussi populaire que *Koh-Lanta* pour se rendre compte du climat délétère qui sévit sur les réseaux sociaux. Jamais le célèbre programme de TF1 n'avait connu une telle flambée de violence. Diffusée entre février et juin 2020, la dernière édition, qui a rassemblé plus de six millions de téléspectateurs à chaque épisode, a généré un torrent d'insultes et de menaces de mort contre ses candidats. L'un d'eux, prénommé Régis, a été acculé parce qu'il n'a pas respecté une banale promesse de vote au sein du jeu. Les internautes s'en sont pris à Decathlon en pensant que Régis y travaillait. La marque a rapidement figuré dans les sujets les plus discutés sur Twitter après avoir essuyé des centaines d'appels au boycott. Réalisant que Régis était en réalité employé dans un Go Sport du Val-de-Marne, les *haters* se sont déchaînés sur son magasin dont la note a rapidement dégringolé sur Google. Cédant à la peur, l'enseigne s'est sentie obligée de se fendre d'un communiqué afin de signaler que le candidat de *Koh-Lanta* avait quitté l'entreprise « depuis plusieurs mois[1] ».

Le caractère parfois monstrueux des usages des réseaux sociaux est trop largement sous-estimé. Il ne s'agit pas ici de faire le procès d'Internet, qui reste un formidable outil de démocratisation et de libération de la parole, comme l'a récemment prouvé #MeToo[2], mais de questionner les ressorts d'une intolérance qui continue irréductiblement de se répandre. Certes, le lynchage populaire, ce vieil atavisme répondant à nos bas instincts, n'a pas attendu l'ère numérique pour exister, mais il a aujourd'hui largement changé d'échelle. 62 % des citoyens français ont déjà été victimes de cyber-harcèlement, soit une augmentation de 10 points par rapport à 2018, ce qui fait de l'Hexagone le deuxième pays avec la plus forte hausse[3]. Dans cette arène où règnent anonymat et l'instantanéité, le coût d'entrée sur le ring est nul et tout le monde peut basculer un jour ou l'autre dans le camp des lapidateurs... ou de ses victimes.

---

1. H. B., « *Koh-Lanta* : L'enseigne Go Sport réagit sur Twitter après des menaces visant Régis », *20 minutes*, le 9 mai 2020.
2. Virginie Ballet, « #MeToo a permis à 71 % de femmes victimes de violences de témoigner », liberation.fr, le 4 octobre 2018.
3. Alice Huot, « 62 % des Français ont déjà été victimes de cyber-harcèlement », ladn.eu, le 17 février 2020.

Épilogue

Ce phénomène met en lumière l'absence de considération des droits afférents aux personnes lynchées. Il n'existe aucun sinon très peu de recours ou de possibilité de réinsertion pour celles et ceux qui ont été humiliés publiquement. Qui irait embaucher quelqu'un dont la réputation en ligne est en lambeaux ? Si l'on cherchait à établir un parallèle historique avec cette mort sociale, il faudrait évoquer la peine d'indignité ordonnée en 1791 sous la Révolution afin de mettre à l'écart les mauvais citoyens qui avaient comploté contre le roi ou la nation – à ceci près que le souverain est désormais autoproclamé, multiple et insaisissable[1]. Enfermé dans un carcan de mépris, le condamné devenait un individu de seconde zone. Jean-Paul Marat, son théoricien, avait imaginé un « tableau d'incivisme » suspendu au milieu de la place publique avec les noms des proscrits afin de « sauver la France en repoussant des emplois de confiance tous les scélérats ». Aujourd'hui, tout laisse à croire que cette peine révolutionnaire a ressurgi des oubliettes de l'histoire puisque la plupart des recruteurs excluent *de facto* toutes celles et tous ceux qui ont été éclaboussés sur la Toile. 85 % des DRH font des recherches en ligne sur les candidats. Au sein de ce vaste royaume de l'image, peu d'entreprises prendront le risque d'engager la leur pour sauver la vôtre. Pourtant la plupart des lynchés en ligne n'ont pour beaucoup commis aucun crime ou méfait. Ils ont simplement eu le malheur d'être « annulés » par

---

[1]. Anne Simonin, *Le Déshonneur dans la République. Une histoire de l'indignité (1791-1958)*, Grasset, 2008, p. 193-250.

des foules numériques déchaînées. « La plupart des accusations lancées par la *cancel culture* ne sont fondées sur absolument rien, nous confiait l'écrivain Bret Easton Ellis. Elles s'appuient sur une opinion, une rumeur ou des allégations souvent fausses. C'est une vraie menace pour nos libertés qui sont aujourd'hui mises à mal. Malheureusement, je ne vois pas la *cancel culture* reculer avec le temps. À l'inverse, je la vois se développer dans d'autres pays que les États-Unis, tel le vôtre. Au cœur de cette société de l'indignation et du blâme, il y a Internet, bien entendu. Internet est devenu fou et s'est transformé en vaste pugilat. Malheureusement, une bonne partie des médias l'ont suivi dans cette voie[1]... »

La montée des colères profite aux géants du web qui ne cachent plus que la polarisation et la conflictualité font partie de leur *business model*, tout en refusant de mettre en œuvre les moyens de modération qui seraient nécessaires pour l'endiguer[2]. Tout cela interroge le rôle de Google, qui continue d'agir comme une cour de justice parallèle, autrement dit comme une instance décidant en dehors de toute juridiction qui a le droit de se faire oublier et d'obtenir ou non une réinsertion professionnelle et sociale. Le tout en s'abritant derrière un « droit à l'information du public » qui demeure totalement opaque. Cela nous oblige aussi à réfléchir à la responsabilité

---

1. Entretien le 17 janvier 2020.
2. Jeff Horwitz et Deepa Seetharaman, « Facebook Executives Shut Down Efforts to Make the Site Less Divisive », art. cit., le 26 mai 2020.

Épilogue

des médias qui s'alimentent de ces bad buzz, donnent une visibilité inconsidérée à ces micropolémiques et ne reviennent ensuite que trop rarement sur leurs erreurs de jugement une fois le lynchage opéré.

Cette atmosphère de fureur et d'indignation contamine l'espace public et révèle les tensions et fractures qui l'agitent à la façon d'un effrayant miroir. Pour Jérôme Fourquet, directeur du département « Opinion » à l'Ifop, cette flambée n'est qu'une des conséquences de l'émiettement de la société française qu'il avait théorisé dans son ouvrage *L'Archipel français*. « Les réseaux sociaux sont l'un des terrains où cette fragmentation est la plus palpable, analyse-t-il. Le web reflète la montée en puissance des mécanismes d'individualisation. Aujourd'hui, les gens n'appartiennent plus à une Église ou à un parti, mais à des tribus fragmentées autour de leurs identités personnelles ou collectives. Cette société d'individus regroupés en îlots est dopée par les réseaux sociaux où chacun juge ou se sent jugé pour lui-même ou pour l'appartenance à son groupe. La moindre parole de travers est vécue comme une atteinte à ces identités et cela génère une escalade des tensions et des conflits[1]. »

Ces accès de fièvre et d'émotions virales bousculent l'agenda politique et médiatique. Les journalistes et les politiques courent trop souvent après ces effets de meute au lieu de s'en départir. Comment s'étonner dès lors que les condamnations remplacent les discours nuancés et que la morale soit devenue aussi hégémonique dans l'espace public ?

---

1. Entretien le 19 juin 2020.

La haine en ligne

Sans doute conscient des périls de ce dévoiement, Emmanuel Macron s'est ému de la dégradation du climat sur Internet lors de ses vœux à la presse au début de l'année 2020. Le président de la République s'en est vertement pris à « l'esprit de lapidation » et à « l'espèce d'ordre moral autoproclamé » qui s'observe sur les réseaux sociaux. « Quelque chose s'installe, collectivement, dans la sphère politique et médiatique, qui doit nous préoccuper et qui, je le crois, doit devenir un sujet de réflexion pour votre liberté », a martelé Emmanuel Macron en prenant l'exemple du *New York Times* qui a décidé de renoncer à ses célèbres dessins de presse, après des polémiques déclenchées sur le web. Patrick Chappatte, l'un des dessinateurs de l'emblématique quotidien américain, avait réagi à cette décision en dénonçant cette « horde moralisatrice qui se rassemble sur les médias sociaux et s'abat comme un orage subit sur les rédactions, oblige les éditeurs à prendre des contre-mesures immédiates, paralyse toute réflexion, bloque toute discussion ». Et le caricaturiste suisse de pointer du doigt le rôle pernicieux de Twitter, sur lequel « le ton de la conversation est donné par les voix les plus déchaînées, et les foules en colère suivent[1]. »

Il y a urgence. Les lumières s'éteignent. Chaque jour, nous célébrons les obsèques de la nuance et des échanges courtois. La brutalité en ligne et ses effets de disqualification sociale sont tellement lourds de conséquences que ce sujet devrait faire l'objet d'un

---

1. Patrick Chappatte, « Quand on attaque le dessin de presse, c'est la liberté qu'on attaque », *Le Temps*, le 11 juin 2019.

Épilogue

véritable débat national. Il semble même difficile, pour les acteurs politiques, de ne pas construire un programme citoyen sans prendre en compte cette justice folle et cette montée inexorable de la violence qui foule aux pieds nos repères communs. Comment y répondre ? La question préoccupe tant les médias que les pouvoirs publics, pris de court par le phénomène. Faut-il contraindre les géants du web à éponger les dégâts causés en temps réel par les messages haineux via un véritable travail de modération ? Doit-on réfléchir à l'instauration de cours d'éducation sociale ou numérique et de davantage d'ateliers de sensibilisation au harcèlement dès le plus jeune âge à l'école ? Faut-il favoriser cet observatoire de la haine en ligne annoncé en juillet 2020 par le CSA afin d'apporter du contexte et de la remise en perspective à chaque départ d'incendie ?

Le 18 juin 2020, l'essentiel de la loi dite Avia censée lutter contre la haine sur Internet a été censuré par le Conseil constitutionnel après avoir été largement pourfendu par la Commission européenne et ses détracteurs, qui la jugeaient liberticide et ultra-répressive[1]. Le texte souhaitait notamment obliger les plateformes et les moteurs de recherche à retirer sous vingt-quatre heures – et même dans l'heure pour les images pédopornographiques et les documents faisant l'apologie du terrorisme – les contenus « manifestement illicites » qui leur sont signalés, sous peine de fortes amendes. Les juges du Conseil constitutionnel

---

1. Marc Rees, « Cyberhaine : la loi Avia largement censurée par le Conseil constitutionnel », nextinpact.com, le 28 juin 2020.

craignaient que les réseaux sociaux soient amenés à « surcensurer » des contenus légaux pour éviter les sanctions[1].

Depuis ce camouflet politique, très peu de solutions ont été avancées pour répondre à la haine en ligne. Et si la législation peut évoluer et que des formes d'autorégulation peuvent apparaître, cette cour de justice à ciel ouvert continue de faire quotidiennement son lot de victimes. Internet est aussi une machine à broyer les gens et s'il existe des exemples de résilience, nombreux sont ceux qui n'ont pas les ressources morales, financières ou familiales pour surmonter cette épreuve. Les moins dotés en capitaux culturel et numérique sont les principales victimes de cet âge du lynchage. Qui se soucie aujourd'hui du sort d'Amandine, la jeune rappeuse de l'Isère ? Dans le silence, celui des cours d'école ou des villages, trop nombreux sont ceux qui plient sous le poids de l'infamie, s'isolent et pour certains finissent par prendre la décision tragique de mettre fin à leurs jours.

Difficile de déterminer combien de temps cette ère anxiogène sera amenée à durer. Cette époque interroge aussi notre société sur sa capacité à oublier mais aussi à pardonner. Tout le monde a commis des erreurs en ligne, cela semble presque inévitable, et celles-ci ne devraient pas nous définir et nous condamner sans appel. C'est en substance ce qu'a tenté d'expliquer l'actrice féministe Jameela Jamil,

---

1. Martin Untersinger et Alexandre Piquard, « La loi Avia contre la haine en ligne largement retoquée par le Conseil constitutionnel », lemonde.fr, le 18 juin 2020.

Épilogue

connue pour son rôle dans la série *The Good Place*, en octobre 2019. « Ce que nous recherchons parfois dans notre société, c'est la pureté morale et nous ne la trouverons jamais, expliquait-elle sur le plateau de *The Daily Show* animé par Trevor Noah. Tout ce que vous pouvez trouver, c'est le progrès et non la perfection et c'est ce que nous devrions tous viser. Il y a dix ans, ma pensée était problématique et il y avait beaucoup de choses que je ne savais pas et que je ne comprenais pas. Si j'avais été "annulée" à ce moment-là, je ne serais jamais devenue quelqu'un qui passe toute sa vie à se battre pour les droits des femmes et les droits des personnes marginalisées et qui est maintenant en mesure de demander à Instagram et à Facebook de changer leurs habitudes. »

La remise en cause des géants du web ne doit pas exonérer la responsabilité de chacun devant son écran. Le droit pénal trouve son origine dans l'abandon de la vengeance. Quand la morale devient supérieure au droit et que la vindicte se mue en habitude, cela mène rarement à une société meilleure. Internet repose sur les vertus de ses utilisateurs. Il tient donc à chacun de contribuer au bien commun plutôt qu'aux jeux du cirque. Il ne faut jamais perdre de vue que cette haine en ligne est notre propre haine, individuelle et collective. « Je n'ai jamais hué personne », a écrit le poète Bernard Delvaille. Qui peut se targuer d'en dire autant ?

Bibliographie

Antonio A. Casilli, *Les Liaisons numériques. Vers une nouvelle sociabilité ?*, Seuil, 2010.
Pierre Bourdieu, *Sur la télévision*, Raisons d'agir, 1996.
danah boyd, *C'est compliqué. Les vies numériques des adolescents*, C & F Éditions, 2016.
Gérald Bronner, *La Démocratie des crédules*, Puf, 2013.
—, *Déchéance de rationalité. Les tribulations d'un homme de progrès dans un monde devenu fou*, Grasset, 2019.
Julia Cagé, Nicolas Hervé et Marie-Luce Viaud, *L'Information à tout prix*, Ina Éditions, 2017.
Albert Ciccone et Alain Ferrant, *Honte, culpabilité et traumatisme*, Dunod, 2015.
Dominique Cardon, *Culture numérique*, Les Presses de Sciences Po, 2019.
—, *La Démocratie Internet. Promesses et limites*, Seuil, 2010.
Frédéric Chauvaud et Pierre Prétou (dir.), *Clameur publique et émotions judiciaires de l'Antiquité à nos jours*, Presses universitaires de Rennes, 2012.
Boris Cyrulnik, *Un merveilleux malheur*, Odile Jacob, 1999.
Fanny Dargent et Françoise Neau (dir.), *La Honte. Écouter l'impossible à dire*, Puf, 2017.

Olivia Dufour, *Justice et médias. La tentation du populisme*, LGDJ, 2019.
Bret Easton Ellis, *White*, Robert Laffont, 2019.
Sophie Eustache, *Bâtonner. Comment l'argent détruit le journalisme*, Éditions Amsterdam, 2020.
Lucien Faggion, Christophe Regina et Alexandra Roger, *L'Humiliation. Droit, récits et représentations (XIIe-XXIe siècles)*, Classiques Garnier, 2019.
Sándor Ferenczi, *Le Traumatisme*, Payot, 2006.
Michel Foucault, *Surveiller et punir*, Gallimard, 1975.
Jérôme Fourquet, *L'Archipel français*, Seuil, 2019.
Vincent de Gaulejac, *Les Sources de la honte*, Desclée de Brouwer, 1996.
—, *Dénouer les nœuds sociopsychiques. Quand le passé agit en nous*, Odile Jacob, 2020.
René Girard, *Le Bouc émissaire*, Livre de poche, 1986.
Erving Goffman, *Stigmate. Les usages sociaux des handicaps*, Les Éditions de Minuit, 1975.
Angélique Gozlan et Céline Masson, *L'Adolescent face à Facebook. Enjeux de la virtualescence*, In Press, 2016.
Angélique Gozlan, *Le Harcèlement virtuel*, Fabert, 2020.
Julie Graziani, *Tout le monde peut s'en sortir. Philosophie du rebond*, Les Éditions de l'Observatoire, 2020.
Baptiste Kotras, *La Voix du web. Nouveaux régimes de l'opinion sur Internet*, Seuil, 2018.
Jacques Lecomte, *Guérir de son enfance*, Odile Jacob, 2010.
Meg Leta Jones, *Ctrl + Z: The Right to Be Forgotten*, New York University Press, 2016.
Emmanuel Levinas, *De l'évasion*, Livre de poche, 1998.
Mark Lilla, *La Gauche identitaire. L'Amérique en miettes*, Stock, 2018.
Benjamin Loveluck, *Réseaux, libertés et contrôle. Une généalogie politique d'Internet*, Armand Colin, 2015.

Bibliographie

Jean-Marc Manach, *La Vie privée, un problème de vieux cons ?*, Fyp, 2010.
Mehdi Meklat, *Autopsie*, Grasset, 2018.
Ryan M. Milner, Whitney Phillips, *Ambivalent Internet: Mischief, Oddity, and Antagonism Online*, Polity Press, 2017.
Sandra Muller, *#balancetonporc*, Flammarion, 2017.
Eli Pariser, *The Filter Bubble: What The Internet Is Hiding From You*, Penguin, 2012.
Bruno Patino, *La Civilisation du poisson rouge : petit traité sur le marché de l'attention*, Grasset, 2019.
Anne-Cécile Robert, *La Stratégie de l'émotion*, Lux Éditeur, 2018.
Jon Ronson, *La Honte !*, Sonatine, 2018.
Anne Simonin, *Le Déshonneur dans la République. Une histoire de l'indignité (1791-1958)*, Grasset, 2008.
Edward Snowden, *Mémoires vives*, Seuil, 2019.
Laurent de Sutter, *Indignation totale*, Les Éditions de l'Observatoire, 2019.
Serge Tisseron, *La Honte. Psychanalyse d'un lien social*, Dunod, 2014.
Félix Tréguer, *L'Utopie déchue. Une contre-histoire d'Internet (XVe-XXIe siècle)*, Fayard, 2019.
Sherry Turkle, *Seuls ensemble. De plus en plus de technologies, de moins en moins de relations humaines*, L'Échappée, 2015.
Martin Untersinger, *Anonymat sur l'Internet – Comprendre pour protéger sa vie privée*, Eyrolles, 2013.

Table des matières

Préambule 7

1. **Le tribunal des réseaux sociaux** 23
   « Un lynchage national » 25
   Portrait d'un justicier en ligne 30
   L'ère de l'*Homo indignatus* 35
   Une arme de destruction sociale 41
   La société de contrôle 45
   Aux origines de la *cancel culture* 49
   Un rituel de purification 54

2. **Une vie sociale à haut risque** 63
   « C'est comme si l'on m'avait sortie
     de ma chambre… » 66
   Une génération de transparents 69
   Effondrement du contexte 73
   Une arme de déstabilisation 78
   « On a tendance à oublier
     qu'il y a de vraies gens derrière les avatars » 81
   Le moyen le plus rapide
     pour se débarrasser d'un salarié 89

Pompiers du net 92
Un moyen de flicage 95

3. Une honte contagieuse 99
Une peine d'indignité 103
« La France entière a vu cette vidéo » 108
La tache 114
« Ma fille m'a demandé
    de supprimer nos photos sur Facebook » 118
Comment se remet-on
    d'une humiliation nationale ? 120

4. L'engrenage médiatique 125
Un rédacteur en chef nommé Google 128
La « Twitter-dépendance » 135
La peur des foules 140
« On a littéralement
    flingué Philippe Caubère » 144
Le train du buzz ne sifflera qu'une fois 151

5. Google n'oublie rien 159
Bataille mémorielle 164
« Mon plaisir dans la vie,
    c'est de hacker Google » 169
Bottes secrètes 172
« Tout le monde peut subir un préjudice
    de réputation » 176

6. Vivre ou survivre 185
Évadé du réel 187
Quête de rachat 191
« Je suis celle que j'ai décidé d'être » 194

Table des matières

Modèle de survie 200
Des conséquences dramatiques 206
Vers un nouvel usage des réseaux 211

Épilogue 217

Bibliographie 227

Composition Nord Compo
Impression CPI Bussière en septembre 2020
Éditions Albin Michel
22, rue Huyghens, 75014 Paris
www.albin-michel.fr

ISBN : 978-2-226-44704-3
N° d'édition : 23804/01 - N° d'impression : 2052002
Dépôt légal : octobre 2020
Imprimé en France